CLASSIQUES & CIE
BTS

Corps naturel, corps artificiel

BTS 2e année

ANTHOLOGIE

Avec un cahier photos

50 documents expliqués
sur le thème au programme 2017-2019
de l'épreuve de Culture générale et expression

Sélection et présentation
de **Johan Faerber**
certifié de lettres modernes
docteur ès lettres modernes

Hatier

sommaire

ISBN 978-2-401-02813-5

Présentation du thème

UN CORPS SOUMIS AUX LOIS DE LA NATURE

Sportifs musclés, mannequins élancés à la une des magazines et sur panneaux publicitaires, **le corps humain s'affiche partout**. Cependant, cette tendance à le dévoiler sous toutes ses formes nous invite à nous interroger sur la place du corps dans nos sociétés et sur sa véritable nature.

Quand on se penche sur l'image qu'il véhicule, on est en droit de se demander si ce corps des mannequins, tel qu'il nous est montré, constitue encore un **corps naturel** ou s'il représente un **corps idéal** imposé comme modèle à toute une génération ? De même, les performances quasi surhumaines de certains sportifs, qui battent record sur record, relèvent-elles encore des aptitudes d'un corps naturel ?

Autant de questions qui nous amènent à définir ce que l'on entend par « **corps naturel** ». Cet organisme, qui constitue la partie matérielle de l'être humain et qui est recouvert d'une enveloppe charnelle, nous est donné à la naissance. Au cours des trois âges de la vie qui nous conduisent de l'**enfance** à l'âge **adulte** puis à la **vieillesse**, le corps humain, **soumis aux lois de la nature**, se transforme au gré du temps et des aléas de l'existence.

S'il peut être source de **plaisir**, ou susciter l'admiration par sa **beauté**, le corps peut être aussi marqué par la **souffrance**. Malade, handicapé, amputé ou vieillissant, la lente dégradation de ses organes conduit inévitablement l'être humain à la mort. Et c'est toujours avec stupeur et désolation qu'il constate son **impuissance** devant ce corps qui fait partie intégrante de lui-même mais qu'il ne parvient pas à maîtriser totalement.

LE CORPS ARTIFICIEL : LE NOUVEAU GRAAL ?

Toutefois, grâce aux progrès de la science, l'homme ne semble plus condamné à subir ce corps incontrôlable. Il peut le discipliner et amplifier ses performances en faisant du **sport**, il peut aussi masquer ses imperfections sous du **maquillage**. Désormais, la **chirurgie esthétique** permet même d'intervenir directement sur les traits du visage pour en corriger les défauts.

Porté par les fabuleux progrès de la médecine et par les avancées des nouvelles technologies qui ont permis de mieux explorer le corps humain et de combattre de nombreuses maladies, l'homme cherche à repousser toujours plus ses limites. Parce qu'on peut désormais **réparer les vivants**, greffer et même fabriquer des organes, l'homme est de plus en plus tenté par ce nouveau graal : le potentiel quasi surhumain du **corps artificiel**. Il peut dorénavant se doter de **membres bioniques** intelligents permettant de remplacer un membre amputé, ou d'**exosquelettes** capables d'améliorer les performances du corps.

Tout se passe comme si, désormais, l'homme était sur le point de déjouer la fatalité et de percer le secret de **l'immortalité**.

LE CORPS HUMAIN, LA PLUS ÉTONNANTE DES MACHINES ?

C'est sans doute ce **désir d'immortalité**, conjugué au **jeunisme**, ce culte de la jeunesse et de l'apparence, qui pousse certains à recourir aux artifices de la chirurgie plastique et de la biotechnologie. Toutefois, ces interventions, qui provoquent des transformations profondes, sont souvent à l'origine de graves **troubles d'identité**. Est-on encore soi-même avec les organes d'un autre ? Se reconnaît-on encore lorsque l'on change de visage ou de silhouette ? L'**homme augmenté** de prothèses est-il comparable à l'homme fragilisé qu'il était ? Est-il encore un **humain** ou est-il devenu une **machine** ?

Les questions ne manquent pas, et témoignent du **nouveau rapport** que l'homme entretient avec son corps, sa vie et avec sa propre mort.

Et, s'il émergeait de ce nouveau rapport de l'homme avec lui-même, une évidence : le corps humain ne s'avère-t-il pas **la machine la plus complexe et la plus surprenante**, capable de résister aux épreuves de la vie ? Avec ses impressionnantes ressources naturelles, le corps humain n'est-il pas une chance formidable et à la portée de tous ?

Tels sont les enjeux liés au corps naturel et au corps artificiel que cette anthologie cherche à identifier, analyser et approfondir.

CHAPITRE 1

Le **corps naturel** à l'épreuve de **la vie**

et pour entrer
dans le vif du sujet…

CINÉ & Cie p. 12

Un film pour entrer dans le vif du sujet

Même à l'état naturel, le corps humain réserve de belles surprises, notamment quand on est jeune et que l'on a tout l'avenir devant soi. À condition toutefois de croire en soi, en ses capacités à aller de l'avant.

C'est l'expérience que fait Maggie, l'héroïne du film de Clint Eastwood qui, malgré ses fragilités et grâce au vigoureux soutien de Frankie Dunn, son entraîneur, gagne ses galons de championne de boxe et son surnom de « Million Dollar Baby » pour le plus grand bonheur des deux protagonistes.

Mais le corps, soumis aux lois de la nature, a aussi ses limites. Grièvement blessée lors d'un combat, le corps de Maggie, handicapée à vie, n'est plus qu'une source de souffrances. Rien n'y fait. Il résiste à tous les traitements et la mort de l'héroïne apporte la preuve de l'incapacité de l'homme à maîtriser totalement ce corps naturel.

Million Dollar Baby
de Clint Eastwood, 2004, États-Unis

Le résumé du film

Dans une petite ville des États-Unis, Frankie Dunn (Clint Eastwood), autrefois entraîneur de boxe glorieux, dirige une modeste salle de boxe avec Scrap (Morgan Freeman), son meilleur ami. Un jour, arrive une jeune boxeuse, Margaret Fitzgerald, dite Maggie (Hillary Swank), au talent certain mais pas encore reconnu.

Devant un tel potentiel, Frankie décide de l'entraîner jour et nuit pour faire d'elle une championne hors du commun. La jeune femme, au physique exceptionnel, remporte succès après succès mais Frankie craint toujours que son corps, poussé à bout, ne résiste pas à certaines adversaires.

Un jour, alors que Maggie affronte la terrible Billie pour le titre de championne du monde, celle-ci, en trichant, la terrasse, provoquant une mauvaise chute de l'héroïne qui devient tétraplégique à vie.

Le lien avec le thème

De nombreux plans du film de Clint Eastwood mettent en évidence le corps de la jeune boxeuse qui ne ménage pas ses efforts pour atteindre un niveau de performance de plus en plus élevé. Source de joie et de satisfaction à ses débuts de boxeuse, son corps lui permet de devenir une championne redoutée et redoutable. Mais après le violent accident dont elle est victime, Maggie se confronte aux lois naturelles de son corps : elle devient lourdement handicapée et son corps souffrant devient méconnaissable.

▶ Observez l'affiche du film *Million Dollar Baby*

2e de couverture

1. Quelles sont les composantes de l'affiche ?
2. Étudiez le choix des couleurs : pourquoi avoir choisi ces teintes ?
3. Pourquoi les visages sont-ils dans un clair-obscur ?

Visionnez le film et commentez-le !

1. Comment Clint Eastwood s'y prend-t-il, lorsqu'il filme les entraînements de Maggie, pour valoriser son corps ?
2. Quel moyen cinématographique utilise Clint Eastwood pour souligner la chute fatale de Maggie ?
3. Étudiez l'éclairage dans la scène finale : en quoi s'agit-il de souligner l'irréversible tragédie qui guette le personnage de Maggie ?

« Chacun de nous est un corps, soumis aux mêmes lois que toutes les autres portions de matière. »

Henri Bergson, *L'Énergie spirituelle* (1919)

L'homme n'a pas uniquement une âme, un esprit. Il est aussi doté d'un corps qui se rappelle très souvent à lui pour lui faire découvrir les plaisirs de la vie comme l'expérience de la douleur.

Lorsque, dans *Million Dollar Baby* de Clint Eastwood CINÉ & CIE • p. 12, Frankie voit la jeune et talentueuse Margaret Fitzgerald, dont il a fait une championne de boxe, demeurer tétraplégique à la suite d'un mauvais choc, il comprend que le corps ne procure pas que des sensations de plaisir et de joie. Il peut aussi devenir source de souffrance.

Handicapée à vie, Maggie n'a plus la maîtrise de son propre corps et choisit de mourir. Son parcours sportif, qui l'a conduite d'un plein épanouissement à la mort, invite à poser un certain nombre de questions : que faut-il entendre par « corps naturel » ? Quel rapport l'homme entretient-il avec son corps ? De quelles manières ce corps évolue-t-il ?

Le **corps naturel** est la partie physique et matérielle d'un individu qui lui a été donnée à la naissance. Comme tout organisme, le corps est soumis aux lois de la nature qui le font évoluer. De l'enfance à la vieillesse, en passant par l'adolescence et l'âge adulte, le développement du corps provoque une série de changements que les individus vivent plus ou moins bien. Car la loi est la même pour tous : plus le corps vieillit, plus il s'affaiblit et s'achemine vers la mort.

Cependant, entre la naissance et cette fin inévitable, l'homme peut, en de nombreuses occasions, profiter de ce corps qui est une **source de beauté, de joie et de plaisir** à condition qu'il s'en donne les moyens, comme les sportifs qui exploitent avec détermination leurs capacités physiques. Mais le corps est parfois la **source de douleurs** qui peuvent être fatales. Maladie, paralysie, lourd handicap, le corps peut être gravement atteint sans qu'il soit possible de le guérir de cette souffrance.

Car le corps présente encore bien des zones d'ombres qui échappent à la médecine et à la science et qui poussent à admettre que **le corps naturel reste difficile à maîtriser**. Mais l'homme ne renonce pas. Il cherche à lever les tabous sociaux et culturels sur le corps afin d'en approfondir la connaissance. Contre les lois de la nature et grâce aux avancées technologiques, ne faut-il pas toujours envisager de réparer l'homme ?

A Naître, grandir, vieillir, mourir : la loi naturelle du corps

D'après la définition du Larousse DOC 1 • p. 16, le corps humain se définit, tout d'abord, comme la **partie physique et anatomique** d'un individu. Constitué d'un ensemble d'organes, le corps est **essentiel à la vie**. Cependant, ce corps donné à la naissance est **soumis aux lois de la nature**. Il se développe de l'enfance à l'âge adulte en passant par l'adolescence et se dégrade considérablement au cours de la vieillesse.

Mais quelles sont ces différentes étapes qui mènent ce corps naturel de la naissance à la mort ? La première concerne l'**enfance** et l'**adolescence** qui sont l'objet de **changements qui modifient le corps**. Brigitte Giraud DOC 2 • p. 17 s'arrête sur l'enfance, cette période de la vie où naît une prise de conscience : chacun possède un **corps qui évolue malgré soi** et sur lequel on ne peut pas avoir de prise. Le jeune héros d'Erri De Luca DOC 3 • p. 19 se voit écartelé entre un corps d'enfant et des préoccupations qui ne sont pas encore de son âge. Son propre corps lui échappe. Le jeune homme se rend compte que les changements qu'il subit ne sont pas seulement physiques.

Buffon DOC 4 • p. 21 étudie les conséquences de la vieillesse, ce moment de la vie où la nature devient implacable et soumet le corps à des changements irréversibles. Tout périt en ce monde, à commencer par le corps humain ainsi que le souligne Régine Detambel DOC 5 • p. 23 dans son diagnostic du troisième âge : tous les sens s'émoussent, tous les organes se dégradent jusqu'à rendre tout vie sociale handicapante voire impossible. Devant cette lente dégradation, la seule issue est la mort : telle est la loi implacable du corps que la nature a donné à chacun.

DOC **1**

Le Larousse
Définition du mot « corps »

[Comment définir le corps ?]

CORPS [kɔr] **n.m.** (lat. *corpus*). **1.** Organisme de l'homme, de l'animal ; partie matérielle de l'être humain (par oppos. à *âme*, à *esprit*). **2.** Dépouille mortelle ; cadavre : *Faire don de son corps à la science.* **3.** Tronc (par oppos. aux *membres*) : *Les bras le long du corps.* **4.** Ce qui habille le tronc, le torse : *Coudre les manches au corps d'une chemise.* **5.** Tout objet matériel occupant une portion d'espace et présentant des propriétés particulières : *Chute des corps.* **6.** Partie principale, essentielle : *Le corps d'un éditorial.*

Le petit Larousse illustré, © Larousse 2017 ■

3 questions pour vous guider...

1. Combien de sens différents possède le mot « corps » ?
2. Dans le deuxième sens du terme, le corps a pour synonyme « cadavre ». En quoi ce sens diffère-t-il des précédents et des suivants ?
3. Relevez l'exemple associé à la souffrance du corps. Qu'est-ce qui est immédiatement suggéré ?

DOC 2

Brigitte Giraud

Avoir un corps

Dans Avoir un corps, *la romancière Brigitte Giraud (née en 1960) raconte l'histoire d'une enfant qui explore le monde de l'adolescence et de l'âge adulte à travers l'évolution de son corps. Dans cet extrait qui ouvre le récit, la petite fille prend conscience de son corps quand il commence à lui échapper.*

[La découverte du corps]

Au commencement je ne sais pas que j'ai un corps. Que mon corps et moi on ne se quittera jamais. Je ne sais pas que je suis une fille et je ne vois pas le rapport entre les deux.

Au commencement, je fais ce qu'on me dit, je monte mes chaussettes jusqu'en haut, je ne caresse pas les animaux que je ne connais pas, je ne prends pas les bonbons des messieurs dans la rue. Je ne me rends compte de rien. Je trace des dessins avec la buée sur la vitre. Je malaxe de la pâte à modeler, je fais des bonshommes et des serpents, des quantités de serpents que je roule entre mes mains. Je ne pense pas. Je mange, je joue, je dors.

Je grimpe sur les bancs du square, j'escalade le toboggan par en dessous, je me pends par les genoux. Je mets mon corps à l'épreuve, en short plutôt qu'en robe, je saute depuis la plus haute marche de l'escalier, je vais dans les caves et prétends ne pas avoir peur, je brave l'interdit des parents, j'ouvre les portes d'un coup de pied sec, je confectionne une arme avec un bâton et le couteau que j'emprunte à Robi[1]. J'ai conscience que je lutte, je ne sais pas contre quoi. Je chasse le féminin mais je ne le sais pas. Le délicat, le sensible. Je suis un bulldozer, un petit roc qui ne pleure pas quand il s'écorche les genoux. Qui garde bien rentrée l'humiliation d'être

1. Robi : ami de l'enfant.

tombée de vélo. J'avance les mains dans les poches, je dis « ouais », je dis « ouais, ouais ».

Vermicelle, dit ma mère, qui ne doute pas, petite anguille, mais c'est un asticot. Petit animal, sors de ta carapace. Mais il a des griffes, c'est une bête sauvage, un tigre du Bengale[1], qui rugit. Non, ma fille, tu ne dois pas mordre, tu dois cesser de marcher à quatre pattes.

Ma mère sait que j'ai un corps, elle veut l'habiller, le montrer sans l'exposer, le protéger en le mettant en valeur. Elle me confectionne une robe avec des volants, et un col compliqué. Je reste longtemps devant le miroir pendant qu'elle assemble les morceaux de tissu, pendant qu'elle pique les aiguilles. Elle décide pour moi d'un destin de fille et les vêtements qu'elle coud sont trop ajustés, m'étranglent plus qu'ils ne m'enveloppent. Elle m'empêche, sans le savoir, de respirer, de contester.

Je m'échappe, je refuse cette histoire.

Avoir un corps, © Éditions Stock, 2013 ■

3 questions pour vous guider...

1. Pourquoi la narratrice commence-t-elle par dire : « Je ne sais pas que j'ai un corps » (l. 1) ? Montrez, dans les deux premiers paragraphes, en quoi la petite fille ne s'en rend effectivement pas compte.
2. Comment, dans le 3e paragraphe, la petite fille met-elle son corps à l'épreuve ? Que cherche-t-elle à montrer ?
3. Expliquez le sens de cette remarque : « Ma mère sait que j'ai un corps » (l. 28).

1. **Tigre du Bengale :** félin originaire du nord de l'Inde.

DOC 3

Erri De Luca

Les poissons ne ferment pas les yeux

Le romancier italien Erri De Luca (né en 1950) raconte, dans Les poissons ne ferment pas les yeux, *l'histoire d'un jeune garçon napolitain qui, l'été de ses dix ans, découvre progressivement les tourments amoureux de l'adolescence. Dans cet extrait, De Luca présente cet âge charnière dans lequel le garçon est écartelé entre un corps d'enfant et des préoccupations qui ne sont pas encore de son âge.*

[Le passage de l'enfance à l'adolescence]

Il voyait du bon en moi, enfant de la ville qui venait sur l'île l'été. Je descendais à la plage des pêcheurs, je passais des après-midi entiers à regarder les mouvements des barques. Avec la permission de ma mère, je pouvais monter sur une des plus longues avec des rames aussi grosses que de jeunes arbres. Je ne faisais presque rien à bord, le pêcheur me laissait lui donner un coup de main et il m'avait appris à me servir des rames, deux fois plus grandes que moi, en poussant dessus de tout mon poids, debout, les bras tendus et en croix. Le bateau s'ébranlait tout doucement et puis avançait. Et je me sentais plus grand. À certains moments, ma petite force de rameur rendait service au pêcheur. Il ne me permettait pas d'approcher des hameçons, des longues lignes lestées du plomb de fond. C'étaient des instruments de travail qui n'avaient rien à faire dans les mains des enfants. Alors que sur la terre ferme, à Naples, les outils et les heures de travail n'étaient pas ce qui leur manquait.

Il me laissait jeter l'ancre. J'avais maintenant dix ans, un magma[1] d'enfance muette. Dix ans, c'était un cap solennel, on écrit son âge pour la première fois avec un chiffre double. L'enfance se termine officiellement quand on ajoute le premier zéro aux

1. **Magma :** mélange pâteux et épais.

années. Elle se termine, mais il ne se passe rien, on est dans le même corps de mioche emprunté des étés précédents, troublé à l'intérieur et calme à l'extérieur. J'avais dix ans – *tenevo*[1] dix ans : chez nous le verbe « tenir » est plus précis pour dire l'âge. J'étais dans un corps pris dans un cocon[2] et seule ma tête tentait de le forcer.

Sorti de l'école primaire avec un an d'avance, je venais de finir ma sixième cet été-là. On avait enfin droit au stylo à bille, plus de tablier noir, d'encrier, de plume ni de buvard, qu'on appelait *carta zuca* en dialecte, papier suceur.

J'avais changé dans ma tête, en pire me semblait-il. À l'âge où les enfants ont cessé de pleurer, moi au contraire je commençais. L'enfance avait été une guerre, autour de moi il mourait plus de jeunes que de vieux. Rien de leur temps n'était un jouet, même s'ils le jouaient avec acharnement. Cela m'était épargné, mais il me fallait mériter ce temps.

Je restais enfermé dans l'enfance, comme nourrice sèche[3] j'avais la petite chambre où je dormais sous les châteaux de livres de mon père. Ils s'élevaient du sol au plafond, c'étaient les tours, les cavaliers et les pions d'un échiquier placé à la verticale. La nuit, des poussières de papier entraient dans mes rêves. Durant mon enfance au pied des livres, mes yeux ne connurent pas les larmes. Je faisais le petit soldat, ma journée était un incessant va-et-vient dans cet espace réduit de sentinelle[4].

Les poissons ne ferment pas les yeux, 2013, ■

---

1. ***Tenevo*** **:** j'avais, en italien.
2. **Cocon :** coquille soyeuse dont s'enveloppent certains insectes avant leur mue.
3. **Comme nourrice sèche :** renvoie ici à une chambre d'enfant qui ne suffit plus à l'adolescent qu'il est en train de devenir.
4. **Sentinelle :** soldat chargé de monter la garde.

3 questions pour vous guider...

1. Comment, dans le premier paragraphe, le pêcheur fait-il en sorte que l'enfant se sente « plus grand » (l. 10) ?
2. Montrez en quoi le narrateur peut affirmer : « J'étais dans un corps pris dans un cocon » (l. 24-25).
3. Pourquoi achever sa classe de sixième marque-t-elle une étape importante pour le jeune garçon (l. 27-44) ?

DOC **4**

Georges-Louis Buffon

De la vieillesse et de la mort

Georges-Louis Buffon (1707-1788) est un philosophe et biologiste français essentiellement connu pour sa monumentale Histoire naturelle, générale et particulière *qui, en 36 volumes, rassemble l'essentiel des connaissances scientifiques d'alors sur la nature. Dans cet extrait, il se consacre à l'histoire naturelle de l'homme, et notamment aux conséquences du vieillissement sur le corps.*

[Le corps soumis aux lois de la nature]

Tout change dans la Nature, tout s'altère[1], tout périt[2] ; le corps de l'homme n'est pas plutôt[3] arrivé à son point de perfection, qu'il commence à déchoir[4] : le dépérissement est d'abord insensible, il se passe même plusieurs années avant que nous nous apercevions d'un changement considérable, cependant nous devrions sentir le poids de nos années mieux que les autres ne peuvent en compter le nombre ; et comme ils ne se trompent pas sur notre âge en le jugeant par les changements extérieurs, nous devrions nous tromper encore moins sur l'effet intérieur qui les produit, si nous nous observions mieux, si nous nous flattions moins, et

1. S'altère : se dégrade.
2. Périt : meurt.
3. Plutôt : aussitôt.
4. Déchoir : décliner, s'affaiblir.

si dans tout, les autres ne nous jugeaient pas toujours beaucoup mieux que nous ne nous jugeons nous-mêmes.

Lorsque le corps a acquis toute son étendue en hauteur et en largeur par le développement entier de toutes ses parties, il augmente en épaisseur ; le commencement de cette augmentation est le premier point de son dépérissement, car cette extension n'est pas une continuation de développement ou d'accroissement intérieur de chaque partie par lesquels le corps continuerait de prendre plus d'étendue dans toutes ses parties organiques[1], et par conséquent plus de force et d'activité, mais c'est une simple addition de matière surabondante qui enfle le volume du corps et le charge d'un poids inutile. Cette matière est la graisse qui survient ordinairement à trente-cinq ou quarante ans, et à mesure qu'elle augmente, le corps a moins de légèreté et de liberté dans ses mouvements, ses facultés pour la génération[2] diminuent, ses membres s'appesantissent[3], il n'acquiert de l'étendue qu'en perdant de la force et de l'activité.

D'ailleurs les os et les autres parties solides du corps ayant pris toute leur extension en longueur et en grosseur, continuent d'augmenter en solidité, les sucs nourriciers[4] qui y arrivent, et qui étaient auparavant employés à en augmenter le volume par le développement, ne servent plus qu'à l'augmentation de la masse, en se fixant dans l'intérieur de ces parties ; les membranes deviennent cartilagineuses[5], les cartilages deviennent osseux, les os deviennent plus solides, toutes les fibres plus dures, la peau se dessèche, les rides se forment peu à peu, les cheveux blanchissent, les dents tombent, le visage se déforme, le corps se courbe, etc. Les premières nuances de cet état se font apercevoir avant quarante ans, elles augmentent par degrés[6] assez lents jusqu'à soixante, par degrés plus rapides jusqu'à soixante et dix ; la caducité[7] commence à cet âge de soixante

1. **Parties organiques :** organes.
2. **Génération :** procréation.
3. **S'appesantissent :** s'alourdissent.
4. **Sucs nourriciers :** différents aliments permettant de nourrir le corps.
5. **Cartilagineuses :** relatif au cartilage, qui est un constituant des os.
6. **Par degrés :** par étapes, par paliers.
7. **Caducité :** vieillesse.

et dix ans, elle va toujours en augmentant ; la décrépitude[1] suit, et la mort termine ordinairement avant l'âge de quatre-vingt-dix ou cent ans la vieillesse et la vie.

« De la vieillesse et de la mort »,
Histoire naturelle, générale et particulière, 1749 ■

3 questions pour vous guider...

1. Expliquez la phrase suivante : « le corps de l'homme n'est pas plutôt arrivé à son point de perfection, qu'il commence à déchoir » (l. 1-3).
2. Quel rôle joue la graisse dans le vieillissement (l. 13-27) ? Pourquoi est-elle vue comme dangereuse pour le corps ?
3. Quels sont, pour Buffon, les signes physiques de la vieillesse (l. 28-43) ?

DOC **5**

Régine Detambel
Le Syndrome de Diogène

Dans son essai Le Syndrome de Diogène, *Régine Detambel (née en 1964) explore les dommages corporels irréversibles qu'entraîne la vieillesse, la dégradation progressive des sens qui handicape la vie sociale et fait perdre goût à la vie.*

[La détérioration du corps vieillissant]

Le vieillissement de l'être sain[2] provoque des changements corporels évidents : la taille diminue, par tassement des vertèbres et accentuation des courbures de la colonne vertébrale, jusqu'à vingt centimètres, de quinze à quatre-vingt-cinq ans. On a un beau

1. **Décrépitude :** déclin.
2. **Sain :** en bonne santé.

jour le nez par terre, l'air de compter ses malheurs. On n'y voit plus devant soi.

Boris Vian[1] avait imaginé, dans *L'Arrache-Cœur*, une « foire aux vieux ». On y vendait aux enchères des vieillards désargentés[2], presque aveugles. Des couples aisés en faisaient cadeau à leurs galopins pour qu'ils s'en amusent.

*

Les handicaps sensoriels conditionnent la vie affective et sociale, en favorisant les incompréhensions, les peurs, les hontes. Si l'on précise qu'en grec le presbyte[3] désigne le vieillard, alors ce petit défaut d'accommodation dans la vision proche du quadragénaire dit purement et simplement que le ver est dans le fruit. Plus tard, le cristallin[4], opaque et jauni, sera cause de cataracte[5]. Ce handicap affecte en France quarante pour cent des sujets de plus de soixante-dix ans, tandis que sous les yeux un cerne bleu s'étend : la trace du coup porté par l'âge.

La qualité fonctionnelle de l'audition se détériore parallèlement, cette presbyacousie[6] affecte sans répit la qualité des relations sociales. Puisqu'on n'ose plus faire répéter, alors on se tait et on quitte la table.

[...]

*

L'odorat et le goût s'éteignent.

L'appétit – les appétits sont minés.

La viande est dure, les haricots verts sont aigres[7], ce pain, si bon la minute d'avant, est sec ou froid ou terne, rien ne peut plus me

---

1. Boris Vian : écrivain français (1920-1959), auteur notamment de *L'Arrache-Cœur* (1953).
2. Désargentés : n'ayant plus d'argent.
3. Presbyte : personne atteinte d'un trouble de la vision dû à l'âge.
4. Cristallin : organe principal de la vision situé dans le globe oculaire.
5. Cataracte : maladie dégénérescente de l'œil qui peut conduire à la perte de la vue.
6. Presbyacousie : perte d'audition due à l'âge.
7. Aigres : mauvais, acides.

convenir, cela signifie : je ne m'aime plus, je ne vous aime plus, je déteste la vie que je tire derrière moi.

Gide[1], le 19 septembre 1941, quand l'absence d'un grain de sel affadit chaque jour : « L'âme sans plus de but, tout en proie au loisir s'ennuie. [...] Je n'ai plus grande curiosité de ce que peut m'apporter encore la vie... Je suis rassasié de jours et ne sais plus trop à quoi employer le temps qui me reste sur terre. Anorexie, face hideusement inexpressive de l'ennui. » Jusqu'à l'expérience de la dépersonnalisation[2] : « Je me suis surpris hier en train de me demander le plus sérieusement du monde si j'étais encore vivant. Le monde entier était là et je le percevais à merveille ! mais était-ce bien moi qui le percevais ?... Tout existait et continuait d'être sans mon aide. Le monde n'avait aucun besoin de moi. Et durant un assez long temps je m'absentai. »

Le Syndrome de Diogène, © Éditions Actes Sud, 2008 ■

3 questions pour vous guider...

1. Qu'est-ce que la « foire aux vieux » de Boris Vian (l. 7-10) ? Quelle idée cherche à illustrer ici Régine Detambel ?
2. Relevez les organes qui, selon l'auteur, se dégradent dans la vieillesse.
3. Pourquoi André Gide parle-t-il de « dépersonnalisation » (l. 37) ?

1. André Gide : écrivain français (1869-1951), notamment connu pour son *Journal* dont Régine Detambel livre ici un extrait.

2. Dépersonnalisation : perte d'identité.

B Éprouver du plaisir ou de la souffrance à travers le corps naturel

Si le corps naturel vit et meurt selon les lois implacables de la nature, il peut être **tout autant source de plaisir que de souffrance**.

Mais le corps naturel est d'abord **synonyme de beauté**. C'est à un véritable éloge du corps humain que se livre Ingres dans son tableau *Le Bain turc* DOC 6 • p. 27. C'est plutôt le **plaisir charnel** des ébats amoureux que choisit d'illustrer Maupassant, dans un extrait de son roman *Fort comme la mort* DOC 7 • p. 27. Le corps humain peut être **synonyme de performance physique** comme le prouve aussi Paul Fournel à travers le portrait d'une sportive DOC 8 • p. 29. La jeune fille déploie des capacités physiques hors normes qui montrent combien le corps peut être source de satisfaction.

Cependant, à l'opposé, le corps naturel se voit exposé, souvent de manière violente, à des maux et à de **tragiques souffrances**. Quatre types de douleurs toutes liées à la détérioration du corps peuvent être relevés. Tout d'abord, le corps naturel peut tomber **malade**, être frappé d'un virus qui se conclut par la mort du sujet. C'est le cas dans *Némésis*, roman de Philip Roth DOC 9 • p. 31 qui raconte les ravages de la polio dans une petite ville américaine. Le deuxième type de souffrance concerne les dysfonctionnements physiques liés à des **troubles dont l'origine est psychique**. C'est notamment le cas dans l'hystérie telle que Freud DOC 10 • p. 34 la met en lumière avec le célèbre cas d'Anna O., paralysée par un blocage psychologique qui la laisse handicapée.

Mais toutes les souffrances du corps ne sont pas exclusivement naturelles. Certaines peuvent être causées par des **accidents de la vie**. C'est ce que met en évidence Marc Dugain DOC 11 • p. 36 à travers l'histoire d'Adrien, soldat grièvement blessé au visage au tout début de la Première Guerre mondiale. C'est ce **corps mutilé et dégradé** qu'a choisi de peindre, avec réalisme, Holbein le Jeune dans le *Christ au tombeau* DOC 12 • p. 38. Couvert de plaies et méconnaissable, le corps du Christ supplicié symbolise la souffrance physique du corps qui aboutit inévitablement à la mort.

DOC 6

JEAN-AUGUSTE-DOMINIQUE INGRES
Le Bain turc

[La beauté du corps humain]

Peintre majeur du mouvement néo-classique français, Jean-Auguste-Dominique Ingres (1780-1867) s'est notamment distingué pour la sensualité de ses nus féminins. Présentant un groupe de femmes au bain dans un harem, Le Bain turc *(achevé en 1862), l'un de ses plus célèbres tableaux, constitue un éloge du corps humain considéré à la fois comme source de beauté et de plaisir* CAHIER PHOTOS • p. I.

3 questions pour vous guider...

1. Décrivez les différentes composantes du tableau.
2. Observez les rondeurs des corps féminins mis en scène. Que suggèrent-elles ?
3. Pourquoi Ingres a-t-il choisi d'utiliser des couleurs chaudes ?

DOC 7

GUY DE MAUPASSANT
Fort comme la mort

Roman paru en 1889, Fort comme la mort *de Guy de Maupassant (1850-1893) présente l'histoire d'Olivier Bertin, peintre à succès, qui s'éprend de l'élégante et gracieuse Anne de Guilleroy, mariée à un riche député. Cet extrait dévoile le début de leur liaison où, après s'être d'abord refusée au peintre, la jeune femme finit par céder au plaisir charnel.*

[Le corps, source de plaisir]

M. de Guilleroy sortit après dîner, comme il faisait presque tous les jours.

Alors elle prit sur ses genoux sa petite fille et pleura en l'embrassant ; elle pleura des larmes sincères, larmes de la conscience, non point larmes du cœur.

Mais elle ne dormit guère.

Dans les ténèbres de sa chambre, elle se tourmenta davantage des dangers que pouvait lui créer l'attitude du peintre ; et la peur lui vint de l'entrevue du lendemain et des choses qu'il lui faudrait dire, en le regardant en face.

Levée tôt, elle demeura sur sa chaise longue durant toute la matinée, s'efforçant de prévoir ce qu'elle avait à craindre, ce qu'elle aurait à répondre, d'être prête pour toutes les surprises.

Elle partit de bonne heure, afin de réfléchir encore en marchant.

Il ne l'attendait guère et se demandait, depuis la veille, ce qu'il devait faire vis-à-vis d'elle.

Après son départ, après cette fuite, à laquelle il n'avait pas osé s'opposer, il était demeuré seul, écoutant encore, bien qu'elle fût loin déjà, le bruit de ses pas, de sa robe, et de la porte retombant, poussée par une main éperdue[1].

Il restait debout, plein d'une joie ardente[2], profonde, bouillante. Il l'avait prise[3], elle ! Cela s'était passé entre eux ! Était-ce possible ? Après la surprise de ce triomphe, il le savourait, et pour le mieux goûter, il s'assit, se coucha presque sur le divan où il l'avait possédée.

Il y resta longtemps, plein de cette pensée qu'elle était sa maîtresse, et qu'entre eux, entre cette femme qu'il avait tant désirée et lui, s'était noué en quelques moments le lien mystérieux qui attache secrètement deux êtres l'un à l'autre. Il gardait en toute sa chair encore frémissante le souvenir aigu de l'instant

---

1. **Éperdue :** passionnée, émue.
2. **Ardente :** fougueuse, passionnée.
3. **Prise :** conquise.

rapide où leurs lèvres s'étaient rencontrées, où leurs corps s'étaient unis et mêlés pour tressaillir[1] ensemble du grand frisson de la vie.

Il ne sortit point ce soir-là, pour se repaître[2] de cette pensée ; il se coucha tôt, tout vibrant de bonheur.

Fort comme la mort, 1889 ■

3 questions pour vous guider...

1. Pourquoi, selon vous, Anne de Guilleroy pleure-t-elle en embrassant son enfant (l. 3-4) ?
2. Quelle est l'attitude du peintre ? En quoi s'oppose-t-elle à celle de la femme mariée ?
3. Relevez le lexique de la joie (l. 21-32). En quoi est-il associé à l'acte charnel ?

DOC **8**

Paul Fournel
La Cavalière

Prix Goncourt de la nouvelle en 1989, Les Athlètes dans leur tête *de Paul Fournel (né en 1947) brosse en vingt-deux courts récits des parcours de sportifs qui découvrent leurs formidables facultés physiques. Avec ironie et tendresse, la nouvelle* « La Cavalière » *raconte le destin d'une jeune fille qui, presque malgré elle, possède le corps d'une championne de saut en hauteur.*

[Le corps athlétique]

La première fois qu'il l'avait vue, c'était une fillette pâlotte[3] qui donnait la main à son instituteur. Elle avait des jambes grêles[4] qui semblaient commencer au-dessous de ses épaules et un visage long avec deux yeux noirs arrondis par une fatigue qu'on aurait dit perpétuelle.

---

1. Tressaillir : frémir.
2. Se repaître : se nourrir.
3. Pâlotte : très pâle, au teint très blanc.
4. Grêles : fragiles, minces.

Le maître l'avait conduite au gymnase car il lui était apparu qu'elle sautait sans effort beaucoup plus haut que toutes ses camarades et qu'avec un peu de travail on pourrait peut-être en tirer quelque chose...

L'entraîneur s'était penché vers la gamine.

– Et toi, qu'est-ce que tu veux faire ?

Elle avait roulé des yeux inquiets, jeté un regard vers son instituteur et s'était risquée à dire :

– Du cheval.

Ils avaient tous éclaté de rire. Pierrot l'avait aussitôt baptisée « la cavalière », et c'est ainsi qu'elle avait débuté sa carrière de sauteuse en hauteur.

À huit ans, elle passait 1,05 m sans le faire exprès et Pierrot, qui avait dix ans de plus qu'elle et sautait le double, la prit sous son aile dans le groupe des petits. Junior deuxième année, il venait de faire son entrée dans le cercle très fermé des espoirs et tentait de concilier le lycée et ses six entraînements hebdomadaires. Par-dessus le marché, il s'arrangeait toujours pour trouver une heure ou deux « pour les mômes ».

La cavalière travaillait sans enthousiasme avec une régularité insolente et une facilité naturelle qui ne s'émoussait pas.

À dix ans, benjamine, elle passait 1,15 m, à douze ans, minime, 1,35 m, à quatorze ans, cadette[1], 1,70 m. La puberté n'avait rien altéré[2] dans sa morphologie : elle était restée immense. Ses muscles s'étaient à peine remplis, toujours aussi longs et puissants et il lui avait poussé deux nichons si minuscules qu'ils ne constitueraient jamais un handicap. C'était une sauteuse parfaite qui voltigeait de titres en records.

Pierre plafonnait[3]. Les centimètres supplémentaires étaient soudain devenus trop chers pour lui. Trop petit, le genou trop fragile, pas tout à fait assez puissant pour un sauteur en amplitude,

---

1. Benjamine, minime, cadette : catégories sportives qui rassemblent respectivement les enfants de 10, 12 et 14 ans.

2. Altéré : modifié, changé.

3. Plafonnait : atteignait ses limites.

psychiquement un peu démobilisé, il était devenu prof de gym puis entraîneur premier degré, deuxième degré et troisième degré. Il avait abandonné les petits pour s'occuper des grands et finissait par ne plus travailler qu'avec les meilleurs.

Il protégeait sa cavalière. Jamais il n'avait vu autant de dons rassemblés dans une seule athlète. C'était la sauteuse-vitesse parfaite, elle planait au-dessus de la barre, engageait le bras sans raideur, tournait spontanément la tête dans la direction de son saut. Un régal. Son Stradivarius[1], comme il aimait à dire.

Les Athlètes dans leur tête, « La Cavalière », 1988, © Éditions Point ■

3 questions pour vous guider...

1. Pourquoi le passage s'ouvre-t-il sur la description de la faiblesse physique de la jeune fille (l. 1-5) ?
2. En quoi le corps de la jeune fille décide-t-il pour elle de sa carrière au point qu'elle semble presque indifférente à ses propres exploits (l. 18-33) ?
3. Expliquez pourquoi son entraîneur qualifie la jeune fille de « Stradivarius » (l. 45).

DOC **9**

PHILIP ROTH
Némésis

Romancier américain, Philip Roth (né en 1933) retrace dans Némésis *la tragique épidémie de polio qui, en 1944, a notamment terrassé la ville de Newark, en banlieue de New York. Dans ce passage, Roth détaille les violents ravages de la maladie sur le corps des enfants qui, s'ils ne meurent pas, gardent de profonds handicaps.*

---

1. Son Stradivarius : son joyau, son objet parfait et précieux. La Stradivarius est un type de violon réputé de qualité exceptionnelle et très rare.

[Le corps malade]

Le premier cas de polio[1], cet été-là, se déclara début juin, tout de suite après Memorial Day[2], dans un quartier italien pauvre à l'autre bout de la ville. Dans le quartier juif de Weequahic, au sud-ouest, nous n'avions entendu parler de rien, et nous n'avions pas non plus entendu parler de la douzaine de cas qui s'étaient déclarés ici ou là, sporadiquement[3], dans presque tous les quartiers de Newark[4] sauf le nôtre. Ce n'est que le 4 juillet, quand il avait déjà été fait état de quarante cas dans la ville, que parut à la une du journal du soir un article intitulé « Le directeur de la Santé met en garde les parents contre la polio », dans lequel on citait le docteur William Kittell, directeur du service de la santé, qui demandait aux parents de surveiller leurs enfants de près et de contacter un médecin si l'un d'eux présentait des symptômes tels que mal de tête, mal de gorge, nausées, torticolis, douleurs articulaires, ou fièvre. Même si le docteur Kittell reconnaissait que quarante cas de polio, c'était deux fois plus que ce que l'on comptait normalement au début de la saison de la polio, il voulait que l'on comprenne bien que notre ville de 429 000 habitants ne souffrait absolument pas de ce qui aurait pu être considéré comme une épidémie de poliomyélite. Cet été-là comme tous les étés, il y avait des raisons de se montrer vigilant et de prendre des mesures d'hygiène appropriées, mais il n'y avait pas encore lieu de céder à l'affolement dont avaient fait preuve, « ce qui pouvait se comprendre », les parents, vingt-huit ans plus tôt pendant l'épidémie de 1916, la pire qu'on eût connue, dans le nord-est des États-Unis, épidémie qui avait fait plus de 27 000 victimes, dont 6 000 morts. À Newark, il y avait eu 1 360 cas de polio, et 363 morts.

Or, même dans une année avec un nombre moyen de cas, où les risques de contracter la polio étaient bien moindres qu'en 1916, l'éventualité d'une maladie paralysante qui laissait un

1. Polio : la poliomyélite dite encore « polio » est une maladie infectieuse de la moelle épinière qui peut causer de lourds handicaps.
2. Memorial Day : jour férié qui, célébré aux États-Unis le dernier lundi du mois de mai, rend hommage à tous les membres de l'armée américaine morts au combat.
3. Sporadiquement : çà et là.
4. Newark : ville en banlieue de New York.

jeune à jamais infirme et difforme, ou incapable de respirer hors d'un appareil cylindrique en métal qu'on désignait sous le nom de poumon d'acier, ou qui pouvait conduire à la mort par la paralysie des muscles respiratoires, une telle éventualité était de nature à provoquer chez les parents de notre quartier une grande appréhension et à troubler la tranquillité d'esprit des enfants qui, libérés de l'école pendant les mois d'été, pouvaient jouer dehors toute la journée jusqu'aux longues heures du crépuscule. L'inquiétude concernant les conséquences dramatiques d'une attaque de polio sévère était renforcée par le fait qu'il n'existait aucun remède pour traiter la maladie ni aucun vaccin pour vous immuniser[1] contre elle. La polio, ou paralysie infantile, comme on l'appela tant qu'on pensa qu'elle affectait principalement les enfants en bas âge, pouvait tomber sur n'importe qui, sans raison apparente. Bien que les jeunes de moins de seize ans fussent les victimes habituelles, les adultes eux aussi pouvaient être gravement atteints, ce qui avait été le cas de l'actuel président des États-Unis.

Franklin Delano Roosevelt[2], la plus célèbre des victimes de la polio, avait contracté la maladie quand il était un homme vigoureux de trente-neuf ans, et depuis lors il ne pouvait pas marcher sans soutien. Même ainsi, il devait porter un lourd appareil de cuir et de métal des hanches jusqu'aux pieds pour se tenir debout.

Némésis, 2012, © Éditions Gallimard ■

3 questions pour vous guider...

1. En relevant les chiffres du premier paragraphe, montrez en quoi la polio est une épidémie.
2. Pourquoi la polio est-elle également désignée par Roth comme une « paralysie infantile » (l. 42) ? Quelles parties du corps sont affectées ?
3. Qu'est-ce que « le poumon d'acier » (l. 33) ? En quoi est-il une contrainte pour le corps du patient ?

---

1. **Immuniser :** vacciner, protéger.

2. **Franklin Delano Roosevelt :** 32e président des États-Unis (1882-1945).

DOC 10

Sigmund Freud

Cinq leçons sur la psychanalyse

Dans Cinq leçons sur la psychanalyse *(1910), Sigmund Freud (1856-1939), fondateur de la psychanalyse, évoque le cas de sa première patiente, Anna O. qui, pendant la maladie de son père, devient paralysée. Pour Freud, le corps de la jeune femme somatise, c'est-à-dire traduit corporellement ses angoisses psychologiques.*

[Le corps délirant]

Vous souhaiteriez sans doute d'autres exemples de symptômes hystériques que celui de l'hydrophobie[1] engendrée par le dégoût d'un chien buvant dans un verre. Mais pour rester fidèle à mon programme, je me limiterai à très peu d'exemples. Breuer[2] raconte que les troubles visuels de sa malade se rapportaient aux circonstances suivantes : « La malade, les yeux pleins de larmes, était assise auprès du lit de son père, lorsque celui-ci lui demanda tout à coup quelle heure il était. Les larmes l'empêchaient de voir clairement ; elle fit un effort, mit la montre tout près de son œil et le cadran lui apparut très gros (macropsie et strabisme convergent[3]) ; puis elle s'efforça de retenir ses larmes afin que le malade ne les voie pas. » Toutes ces impressions pathogènes[4], remarquons-le, dataient de l'époque où elle s'occupait de son père malade. « Une fois, elle s'éveilla, la nuit, très angoissée car le malade avait beaucoup de fièvre, et très énervée car on attendait un chirurgien de Vienne[5] pour une opération. Sa mère n'était pas là ; Anna était assise au chevet du malade, le bras droit posé sur le dossier de la chaise.

1. **Hydrophobie :** peur de l'eau.
2. **Josef Breuer :** médecin autrichien (1842-1925), pionnier de la psychanalyse avec Freud.
3. **Macropsie et strabisme convergent :** défauts oculaires qui grossissent démesurément ce qui est vu.
4. **Pathogènes :** porteuses de maladie, d'un trouble.
5. **Vienne :** alors capitale de l'Autriche-Hongrie où Anna O. réside et où Freud exerce.

Elle tomba dans un état de demi-rêve et vit qu'un serpent noir sortait du mur, s'approchait du malade pour le mordre. (Il est très probable que, dans le pré, derrière la maison, se trouvaient des serpents qui avaient déjà effrayé la malade et fournissaient le thème de l'hallucination.) Elle voulut chasser l'animal, mais elle était comme paralysée; le bras droit, pendant sur le dossier de la chaise, était « endormi », c'est-à-dire anesthésié et parésié[1], et, lorsqu'elle le regarda, les doigts se transformèrent en petits serpents avec des têtes de mort (les ongles). Sans doute fit-elle des efforts pour chasser le serpent avec la main droite paralysée, et ainsi l'anesthésie et la paralysie s'associèrent-elles à l'hallucination du serpent. Lorsque celui-ci eut disparu, elle voulut, pleine d'angoisse, se mettre à prier, mais la parole lui manqua, en quelque langue que ce fût. Elle ne put s'exprimer qu'en retrouvant enfin une poésie enfantine *anglaise*, et put alors penser et prier dans cette langue. » Le rappel de cette scène, sous hypnose, fit disparaître la contracture du bras droit qui existait depuis le commencement de la maladie, et mit fin au traitement.

Cinq leçons sur la psychanalyse, 1910 ■

3 questions pour vous guider...

1. De quand datent, selon Breuer, les troubles visuels de la malade ? Quels sont-ils ? (l. 6-13)
2. Quels symptômes physiques traduisent le trouble psychique d'Anna O. ?
3. Comment Breuer et Freud expliquent-ils la paralysie de la patiente ?

1. Parésié : paralysé momentanément.

DOC 11

Marc Dugain

La Chambre des officiers

La Chambre des officiers de Marc Dugain (né en 1957) raconte l'histoire d'Adrien, ingénieur officier qui, mobilisé en 1914 pour la Première Guerre mondiale, est défiguré dès les premiers jours de combat par un éclat d'obus. Devenu ce qu'on nomme alors « une gueule cassée », il passera le reste de la guerre à se faire soigner dans la chambre des officiers, réservée aux invalides. Dans cette scène, Adrien découvre peu à peu son corps blessé.

[Le corps blessé]

Je suis réveillé quelques heures plus tard par une douleur si forte et si diffuse[1] que je suis incapable d'en localiser l'origine précise. Mes pieds bougent. Les deux. Les mains aussi. Chacun de mes yeux perce la semi-obscurité. Je suis entier. Avec ma langue je fais le tour de ma bouche. En bas, elle vient s'appuyer sur les gencives de la mâchoire inférieure : les dents ont été pulvérisées. Les hauteurs, elles, s'annoncent comme un couloir sans fin ; ma langue ne rencontre pas d'obstacle et, lorsqu'elle vient toucher les sinus[2], je décide d'interrompre cette première visite. C'est tout ce vide qui me fait souffrir.

De nouveau, je vois s'agiter au-dessus de moi deux mentons. Les deux hommes sont en blouse blanche. Nouvelle tentative pour parler, qui se solde par un gargouillis sourd comme la plainte d'un grand mammifère.

Les médecins n'ont pas remarqué ma tentative malheureuse et continuent à discourir sur mon cas. Deux longues sangles me maintiennent pieds et mains liés au lit de camp[3] et m'interdisent le moindre geste. On s'agite beaucoup dans ce couloir qui ressemble

---

1. **Diffuse :** imprécise.
2. **Sinus :** cavités nasales.
3. **Lit de camp :** lit pliable utilisé dans les camps militaires.

à une gare de triage. La guerre a donc bel et bien commencé. Je n'ai pas été victime d'un coup de semonce[1].

– Une fiche a été faite au poste de secours[2], mais elle est illisible. Couverte de salive et de sang mélangés.

– Voyons voir. Destruction maxillo-faciale[3]. Notez, mon vieux ! Béance[4] totale des parties situées du sommet du menton jusqu'à la moitié du nez, avec destruction totale du maxillaire supérieur et du palais, décloisonnant l'espace entre la bouche et les sinus. Destruction partielle de la langue. Apparition des organes de l'arrière-gorge qui ne sont plus protégés. Infection généralisée des tissus meurtris par apparition de pus[5].

Il poursuit :

– Sérions[6] les problèmes ! Risque de gangrène[7] par infection des parties meurtries. Risque d'infection des voies aériennes et régions pulmonaires par manque de protection. Risque d'anémie[8] par difficulté d'alimenter le blessé par voies buccales et nasales. Conclusion, Charpot : vous me dégagez ce bougre[9] à l'arrière. Direction Val-de-Grâce[10]. À ma connaissance, il n'y a que là qu'on puisse faire quelque chose pour lui. Si la gangrène ne s'y met pas. En attendant, nettoyez les plaies. Faites-lui un ordre de transport par wagon sanitaire. Pas de transport fluvial, ce serait trop long. Essayez de l'alimenter une fois avant le départ, par sonde nasale[11]. Gardez-lui les sangles. Surtout s'il est conscient au moment de le nourrir. Il risque de souffrir.

– Rien d'autre, major ?

---

1. Coup de semonce : avertissement.
2. Poste de secours : infirmerie du champ de bataille.
3. Destruction maxillo-faciale : destruction de la bouche et des joues.
4. Béance : ouverture large et profonde.
5. Pus : liquide vert ou jaune suintant des plaies et signalant une infection.
6. Sérions : classons, ordonnons.
7. Gangrène : dangereuse infection de certains membres nécessitant souvent une amputation afin d'éviter la mort du patient.
8. Anémie : affaiblissement généralisé.
9. Bougre : pauvre garçon.
10. Val-de-Grâce : hôpital militaire parisien chargé de soigner les grands blessés de guerre.
11. Sonde nasale : instrument qui, placé dans les narines du patient, lui permet de s'alimenter.

– Rien d'autre, Charpot. En attendant, ne le laissez pas là. Ses plaies dégagent une telle puanteur qu'il va faire tomber ceux qui tiennent encore debout.

La Chambre des officiers, 1998 © Éditions Jean-Claude Lattès ■

3 questions pour vous guider...

1. Relevez, dans le premier paragraphe, les blessures et lésions ressenties par Adrien.
2. Quel est le diagnostic du médecin ? Pourquoi craint-il une « gangrène » (l. 31) ?
3. Relevez trois indices qui montrent que le corps meurtri du malade ne lui appartient plus.

DOC **12**

HANS HOLBEIN LE JEUNE
Le Christ mort au tombeau

[Le corps supplicié]

Peintre majeur de la Renaissance, Hans Holbein Le Jeune (1497-1543) achève en 1522 Le Christ mort au tombeau. *Pour la première fois de l'histoire de la peinture, le corps du Christ est montré de manière réaliste, avec de multiples plaies aux mains et sur le torse, et un visage boursouflé, marqué par un début de putréfaction* CAHIER PHOTOS • p. II.

3 questions pour vous guider...

1. Décrivez les composantes du tableau.
2. Quelles sont les couleurs utilisées pour peindre les différentes plaies du Christ ?
3. Quelle est l'expression du visage du Christ ? En quoi témoigne-t-elle des souffrances subies ?

C corps difficile à maîtriser

Le corps naturel semble difficile sinon impossible à maîtriser : **l'homme est parfois incapable de guérir certains maux et reste impuissant devant la mort**. C'est à cette double évidence que se heurte Marcel, le narrateur du *Côté de Guermantes* de Marcel Proust, devant la maladie mortelle de sa grand-mère DOC 13 • p. 40. Dans la maladie, le corps s'impose comme un étranger sur lequel le patient n'aurait aucune prise. C'est à un autre type de dépossession que cherche à sensibiliser Hervé Guibert DOC 14 • p. 42. La maladie de Muzil, le personnage central de son récit *À l'ami qui ne m'a pas sauvé la vie*, est certes prise en charge par les médecins, mais le patient a le sentiment que **son propre corps ne lui appartient plus**, comme s'il en avait été dépossédé par le traitement qui lui est imposé.

Plus radical encore, Georges Vignaux DOC 15 • p. 44 considère que le corps naturel est **un inconnu**. En dépit des avancées philosophiques et scientifiques qui, depuis l'Antiquité, tentent de mieux le connaître, le corps naturel garde encore des secrets. Il ne faut cependant jamais renoncer à se l'approprier et tenter de le maîtriser. Telle est la visée première du personnage du père dans *Journal du corps* de Daniel Pennac DOC 16 • p. 46 : cet homme lègue après sa mort à sa fille le compte-rendu quotidien de sa vie à travers des notations sur l'évolution de son corps, afin de faire tomber **les tabous culturels et sociaux liés au corps**. Ainsi, comme le montre le visuel de Guillaume Carreno en couverture de la présente anthologie DOC 17 • p. 49, *L'Homme de Vitruve* de Léonard de Vinci, qui représentait à la Renaissance la perfection du corps, semble désormais devoir être réparé et augmenté pour tenter de **dépasser le simple corps naturel**. À l'âge des prothèses et autres membres bioniques, le corps naturel n'est-il pas appelé à devenir artificiel pour surmonter toutes ses souffrances et être enfin maîtrisé ?

DOC 13

Marcel Proust

Le Côté de Guermantes

Dans Le Côté de Guermantes, *troisième tome d'*À la recherche du temps perdu, *Marcel Proust (1871-1922) raconte les souvenirs du jeune Marcel qui, très attaché à sa grand-mère, voit cette dernière soudainement affaiblie par la maladie. Dans ce passage, le narrateur constate combien, en dépit des efforts des médecins, le corps demeure difficile sinon impossible à maîtriser.*

[Un corps impitoyable]

Je remontai et trouvai ma grand'mère plus souffrante. Depuis quelque temps, sans trop savoir ce qu'elle avait, elle se plaignait de sa santé. C'est dans la maladie que nous nous rendons compte que nous ne vivons pas seuls, mais enchaînés à un être d'un règne différent, dont des abîmes nous séparent, qui ne nous connaît pas et duquel il est impossible de nous faire comprendre : notre corps. Quelque brigand que nous rencontrions sur une route, peut-être pourrons-nous arriver à le rendre sensible à son intérêt personnel sinon à notre malheur. Mais demander pitié à notre corps, c'est discourir devant une pieuvre, pour qui nos paroles ne peuvent pas avoir plus de sens que le bruit de l'eau, et avec laquelle nous serions épouvantés d'être condamnés à vivre. Les malaises de ma grand'mère passaient souvent inaperçus à son attention toujours détournée vers nous. Quand elle en souffrait trop, pour arriver à les guérir, elle s'efforçait en vain de les comprendre. Si les phénomènes morbides[1] dont son corps était le théâtre restaient obscurs et insaisissables à la pensée de ma grand'mère, ils étaient clairs et intelligibles[2] pour des êtres appartenant au même règne physique qu'eux, de ceux à qui l'esprit humain a fini par s'adresser pour comprendre ce que lui dit son corps, comme devant les réponses d'un étranger on va chercher

1. Morbides : relatifs à la maladie.

2. Intelligibles : perceptibles, compréhensibles.

quelqu'un du même pays qui servira d'interprète[1]. Eux peuvent causer avec notre corps, nous dire si sa colère est grave ou s'apaisera bientôt. Cottard[2], qu'on avait appelé auprès de ma grand'mère et qui nous avait agacés en nous demandant avec un sourire fin, dès la première minute où nous lui avions dit que ma grand'mère était malade: «Malade? Ce n'est pas au moins une maladie diplomatique?», Cottard essaya, pour calmer l'agitation de sa malade, le régime lacté[3]. Mais les perpétuelles soupes au lait ne firent pas d'effet parce que ma grand'mère y mettait beaucoup de sel (Widal[4] n'ayant pas encore fait ses découvertes), dont on ignorait l'inconvénient en ce temps-là. Car la médecine étant un compendium[5] des erreurs successives et contradictoires des médecins, en appelant à soi les meilleurs d'entre eux on a grande chance d'implorer une vérité qui sera reconnue fausse quelques années plus tard. De sorte que croire à la médecine serait la suprême folie, si n'y pas croire n'en était pas une plus grande, car de cet amoncellement d'erreurs se sont dégagées à la longue quelques vérités. Cottard avait recommandé qu'on prît sa température. On alla chercher un thermomètre. Dans presque toute sa hauteur le tube était vide de mercure. À peine si l'on distinguait, tapie au fond dans sa petite cuve, la salamandre d'argent[6]. Elle semblait morte. On plaça le chalumeau de verre[7] dans la bouche de ma grand'mère. Nous n'eûmes pas besoin de l'y laisser longtemps; la petite sorcière[8] n'avait pas été longue à tirer son horoscope.

Le Côté de Guermantes, 1920 ■

1. **Interprète:** traducteur.
2. **Cottard:** médecin de la famille de Marcel, le narrateur.
3. **Régime lacté:** régime uniquement à base de produits laitiers recommandés alors par les médecins.
4. **Fernand Widal:** médecin français (1862-1929), connu pour avoir découvert les risques cardiaques liés à la trop grande consommation de sel.
5. **Compendium:** résumé, synthèse.
6. **La salamandre d'argent:** indication sur certains thermomètres d'alors de la fièvre du patient.
7. **Chalumeau de verre:** désigne ici le thermomètre devenu brûlant comme un chalumeau.
8. **La petite sorcière:** renvoie ici encore au thermomètre.

3 questions pour vous guider...

1. Pourquoi Marcel Proust parle-t-il du corps comme de cet « être d'un règne différent, dont des abîmes nous séparent » (l. 4-5) ?
2. Relevez, des lignes 15 à 28, le champ lexical de l'interprète. À qui renvoie-t-il et pourquoi ?
3. Le thermomètre est comparé à une « petite sorcière » (l. 43). Que cela révèle-t-il du diagnostic de la maladie de la grand-mère ?

DOC **14**

HERVÉ GUIBERT

À l'ami qui ne m'a pas sauvé la vie

L'autobiographie d'Hervé Guibert (1955-1991), À l'ami qui ne m'a pas sauvé la vie, *raconte comment il découvre qu'il est atteint du sida, maladie alors encore honteuse. Guibert y dévoile notamment, à travers le personnage de Muzil, les dernières souffrances du philosophe Michel Foucault (1926-1984), également contaminé.*

[Un corps déshumanisé]

Son assistant, dont je fis la connaissance le jour de son enterrement, où j'accompagnai Stéphane[1], et que je rencontrai quelques jours plus tard dans un autobus, me fit certaines révélations. On ignorait encore si Muzil avait été conscient ou inconscient de la nature de la maladie qui l'avait tué. Son assistant m'assura qu'il avait été en tout cas conscient du caractère irréversible de cette maladie. Courant 83, Muzil se rendait régulièrement aux réunions d'une association humanitaire, dans une clinique dermatologique[2] dont le patron appartenait

1. Stéphane : compagnon de Muzil.

2. Dermatologique : traitant des maladies de la peau.

à cette ligue qui déléguait des médecins par le monde entier au fur et à mesure des catastrophes naturelles ou politiques. Cette clinique accueillait les premiers cas de sida à cause de ses symptômes dermatologiques, spécialement le syndrome de Kaposi qui laisse des taches rouges plutôt violacées, d'abord sous les pieds et sur les jambes, puis sur tout le corps, jusqu'à la peau du visage. Muzil toussait comme un dératé[1] à ces réunions où il était question de la situation de la Pologne après le coup d'État[2]. Malgré nos injonctions[3] répétées, à Stéphane ou à moi, il refusait de consulter un médecin. Il finit par s'incliner devant celles du patron de la clinique dermatologique, qui s'étonnait de cette toux sèche, violente et persistante. Muzil passa une matinée à l'hôpital pour faire des examens, il me raconta à quel point le corps, il l'avait oublié, lancé dans les circuits médicaux, perd toute identité, ne reste plus qu'un paquet de chair involontaire, brinquebalé[4] par-ci par-là, à peine un matricule, un nom passé dans la moulinette administrative, exsangue[5] de son histoire et de sa dignité. On lui glissa par la bouche un tube qui alla explorer ses poumons. Le patron de la clinique dermatologique eut rapidement les moyens, à partir de ces examens, de déduire la nature de la maladie, mais, pour préserver le nom de son patient et partenaire, il prit les mesures nécessaires, en surveillant la circulation des fiches et des analyses qui reliaient ce nom célèbre au nom de cette nouvelle maladie, en les truquant et en les censurant, pour que le secret soit colmaté[6] jusqu'au bout, lui laissant jusqu'à sa mort les coudées franches dans son travail, sans l'encombrement d'une rumeur à gérer. Il prit la décision, contrairement à l'usage, de ne même pas en avertir son ami, Stéphane, qu'il connaissait un peu, pour ne pas entacher leur amitié de ce spectre terrible. Mais il avisa l'assistant de Muzil, afin qu'il se dédie plus

1. Dératé : fou.
2. Coup d'État : en Pologne, le 13 décembre 1981, le général Jaruzelski renversa le gouvernement pour instaurer l'état de siège.
3. Injonctions : ordres.
4. Brinquebalé : trimballé, ballotté.
5. Exsangue : vidé.
6. Colmaté : bien gardé, sans risque de fuites.

que jamais aux volontés de son maître, et le soutienne dans les ultimes projets de sa pensée.

À l'ami qui ne m'a pas sauvé la vie, 1990, © Éditions Gallimard ■

3 questions pour vous guider…

1. Quel symptôme inquiète le directeur de la clinique dermatologique ?

2. Expliquez la phrase suivante : « Muzil passa une matinée à l'hôpital pour faire des examens, il me raconta à quel point le corps, il l'avait oublié, lancé dans les circuits médicaux, perd toute identité, ne reste plus qu'un paquet de chair involontaire » (l. 21-24).

3. Pourquoi Muzil décide-t-il de garder sa maladie secrète jusqu'au bout ?

DOC **15**

Georges Vignaux

L'Aventure du corps

Philosophe, Georges Vignaux (né en 1940) a consacré l'essentiel de sa réflexion au rapport que les hommes entretiennent avec leur propre corps. Dans son essai intitulé L'Aventure du corps, *il retrace l'histoire, lente et progressive, de la découverte du corps humain de l'Antiquité jusqu'à nos jours. Selon lui, encore aujourd'hui, bien qu'on vive quotidiennement avec, le corps reste pour nous un inconnu.*

[Le corps, cet inconnu]

De quelque côté que je me tourne, je constate que j'ai un corps. Il est complet, du moins me semble-t-il. Je cache les dents perdues, les cheveux blancs, la baisse de la vue et de l'ouïe, les plis du ventre, les veinules[1] des jambes. J'ai un corps. Je le pince, il est là, se

1. Veinules : petites veines très apparentes.

rappelle à l'occasion de douleurs, de fatigues : il me procure de petites jouissances : esthétiques, sensuelles, gastronomiques. Il est là assurément, bien qu'il vieillisse, je le sais. Je sais aussi qu'il va mourir, c'est-à-dire ne plus être. Je n'y pense pas. Si parfois, avec acuité[1], avec la conviction du temps irrémédiablement passé. Il me semble que mes organes internes sont au complet et fonctionnent à peu près. Les médecins me le disent et me menacent aussi. J'ai un corps et je n'ai pas d'autre moyen pour m'assurer que je vis et le faire savoir aux autres. Bien avant d'entendre mes mots, ils voient ce corps et se font une idée de mon être. Laquelle ? Je ne sais pas toujours.

Je ressens donc mon corps et je le vois. Comme s'il y avait en moi une capacité de réflexion sur moi-même, sur cette enveloppe, cette structure de chair et d'os qui est moi. Puis-je me détacher de mon corps et me tenir à distance de lui tout en restant lui ? Apparemment, oui. C'est cette étonnante situation qui, très tôt, a alimenté les réflexions des philosophes et des romanciers dès que notre espèce a su développer des langages et des écritures élaborés. Il nous a fallu un long chemin pour cerner notre corps, le comprendre, l'analyser, le prévoir, de même qu'il nous a fallu un long chemin pour interpréter notre capacité de penser, lui donner forme puis sens. Cette capacité, on l'a nommée tantôt « esprit » tantôt « conscience » ou « âme ». Désormais, il nous a fallu apprendre à vivre cette dualité[2] corps-esprit, ne sachant trop comment l'esprit pouvait dépendre du corps et le corps de l'esprit, constatant les métamorphoses de l'un et de l'autre, étonnés et parfois surpris de ces métamorphoses. À la manière du jeune enfant qui découvre progressivement ses membres, ses doigts, sa bouche et en joue comme d'une partition de sensations et d'émotions.

L'Aventure du corps, des mystères de l'Antiquité aux découvertes actuelles,
2008, ■

1. Avec acuité : avec finesse, pertinence.

2. Dualité : caractère de ce qui est double.

3 questions pour vous guider...

1. Dans le premier paragraphe, citez deux manifestations du corps qui rappellent à Georges Vignaux son existence ?
2. De quelle « étonnante situation » (l. 20) du corps parle Georges Vignaux ?
3. À qui Georges Vignaux compare-t-il l'esprit qui progressivement découvre son corps ? Pourquoi ?

DOC **16**

Daniel Pennac

Journal d'un corps

Daniel Pennac (né en 1944) raconte dans son roman Journal d'un corps *l'histoire d'un homme qui tient un journal sur les évolutions et émois de son corps, de ses douze à ses quatre-vingt dix-huit ans. Dans cet extrait, il dévoile à sa fille, légataire du journal, le but de son récit qui entend dépasser l'interdit social et culturel pesant sur le corps.*

[Le corps, un interdit social et culturel]

Bigre[1], un cadeau post mortem[2] du papa ! Tu y cours, bien sûr. Et c'est un drôle de présent que te remet le notaire : rien de moins que mon corps ! Non pas mon corps en chair et en os, mais le journal que j'en ai tenu en douce ma vie durant. (Seule ta mère savait, ces derniers temps.) Surprise, donc. Mon père a tenu un journal ! Qu'est-ce qui t'a pris, papa, un journal, toi si distingué, tellement inatteignable ? Et toute ta vie ! Pas un journal intime, ma fille, tu connais ma prévention[3] contre la recension[4] de nos fluctuants[5] états d'âme. Tu n'y trouveras rien non plus sur ma vie professionnelle, mes opinions, mes conférences, ou ce qu'Étienne[6] appelait

1. Bigre : ça alors.
2. Post mortem : après la mort.
3. Prévention : méfiance, réticence.
4. Recension : compte-rendu.
5. Fluctuants : changeants.
6. Étienne : ami du père.

pompeusement mes « combats », rien sur le père social et rien sur le monde tel qu'il va. Non, Lison, le journal de mon seul corps, réellement. Tu en seras d'autant plus surprise que je n'étais pas un père très « physique ». Je ne pense pas que mes enfants et mes petits-enfants m'aient jamais vu nu, assez rarement en maillot de bain, et jamais ils ne m'ont surpris roulant des biceps devant un miroir. Je ne pense pas non plus, hélas, avoir été prodigue[1] en câlins. Quant à vous parler de mes bobos, à Bruno et à toi, plutôt mourir – ce qui d'ailleurs advint, mais une fois mon temps bien compté. Le corps n'était pas un sujet de conversation entre nous et je vous ai laissés, Bruno et toi, vous débrouiller seuls avec l'évolution du vôtre. N'y vois pas l'effet d'une indifférence ou d'une pudeur particulières ; né en 1923, j'étais tout bêtement un bourgeois de mon temps, de ceux qui utilisent encore le point-virgule et qui n'arrivent jamais au petit déjeuner en pyjama, mais douchés, rasés de frais, et dûment corsetés[2] dans leur costume du jour. Le corps est une invention de votre génération, Lison. Du moins quant à l'usage qu'on en fait et au spectacle qu'on en donne. Mais pour ce qui est des rapports que notre esprit entretient avec lui en tant que sac à surprises et pompe à déjections, le silence est aujourd'hui aussi épais qu'il l'était de mon temps. Si on y regardait de près on constaterait qu'il n'y a pas plus pudiques que les acteurs pornos les plus déculottés ou les artistes du body art[3] les mieux décortiqués. Quant aux médecins (à quand remonte ta dernière auscultation ?), ceux d'aujourd'hui, le corps, c'est bien simple, ils ne le touchent plus. Ils n'en ont, eux, que pour le puzzle cellulaire, le corps radiographié, échographié, scanné, analysé, le corps biologique, génétique, moléculaire, la fabrique d'anticorps. Veux-tu que je te dise ? Plus on l'analyse, ce corps moderne, plus on l'exhibe, moins il existe. Annulé, à proportion inverse de son exposition. C'est d'un autre corps que j'ai, moi, tenu le journal quotidien ; notre compagnon de route, notre

---

1. **Prodigue :** généreux.
2. **Corsetés :** engoncés, à l'étroit.
3. **Body art :** ensemble de pratiques artistiques né dans les années 1950 qui interroge le langage corporel.

machine à être. Quotidien, c'est beaucoup dire ; ne t'attends pas à lire un journal exhaustif[1], il ne s'agit pas d'une recension au jour le jour mais plutôt à la surprise la surprise – notre corps n'en est pas avare – de ma douzième à ma quatre-vingt-huitième et dernière année, et ponctuée de longs silences, tu verras, sur ces plages de la vie où notre corps se laisse oublier. Mais chaque fois que mon corps s'est manifesté à mon esprit, il m'a trouvé la plume à la main, attentif à la surprise du jour. J'ai décrit ces manifestations le plus scrupuleusement possible, avec les moyens du bord, sans prétention scientifique. Mon bel amour de fille, tel est mon héritage : il ne s'agit pas d'un traité de physiologie[2] mais de mon jardin secret, qui est à bien des égards notre territoire le plus commun.

Journal d'un corps, 2012, © Éditions Gallimard ■

3 questions pour vous guider...

1. Pour quelles raisons le père affirme-t-il qu'il n'a pas été un père très « physique » (l. 14) ?
2. Expliquez en quoi le rapport que le père entretient avec son corps est, selon lui, caractéristique d'un « bourgeois de [s]on temps » (l. 24).
3. Pourquoi le père considère-t-il que le journal de son corps n'est pas « un traité de physiologie » mais traite de son « jardin secret » (l. 53) ?

1. **Exhaustif :** complet.

2. **Traité de physiologie :** texte scientifique traitant du fonctionnement du corps.

DOC 17

GUILLAUME CARRENO
L'HommeS

[Le corps : naturel ou artificiel ?]

Dans ce visuel (2017), le graphiste Guillaume Carreno (né en 1982) a réinterprété le célèbre dessin de Léonard de Vinci (1452-1519) intitulé L'Homme de Vitruve *(1490). Reprenant ce dessin qui représente les proportions de l'homme idéal, Carreno a choisi de le confronter au désir contemporain de transformer le corps naturel de l'homme en un corps artificiel* COUVERTURE.

3 questions pour vous guider...

1. Décrivez les composantes du dessin.
2. Que représente symboliquement, selon vous, la roue derrière l'homme de Vitruve ?
3. Expliquez le sens du pluriel du titre « L'HommeS ».

SUJET 1 Le corps, source de douleurs et de plaisirs

Le corps humain est mis à rude épreuve tout au long de l'existence. Accidents, maladies, handicaps rendent parfois la vie intolérable. Pourtant, même grièvement blessé, le corps peut encore être une source de plaisir et de joie, comme nous l'apprend cette enquête web.

Les sites à explorer

- **Bande-annonce du film *De rouille et d'os* de Jacques Audiard**
  https://www.youtube.com/watch?v=xWbeNcscfsl

  Dans ce film de 2012, le réalisateur Jacques Audiard raconte l'histoire de Stéphanie, une dresseuse d'orques qui se fait un jour attaquer par l'une des bêtes et se retrouve amputée des deux jambes. Son handicap est d'abord source de grandes souffrances. Puis elle renoue avec Ali, jeune boxeur marginal et ancien amant, avec qui elle réapprend peu à peu à vivre.

- **Une exposition de photos sur l'intimité des couples handicapés**
  http://www.huffingtonpost.fr/2016/09/09/personnes-handicapes-a-mon-corps-derangeant-expo-photo-intime_n_11926074.html

  En 2016, le photographe Jérôme Deya a organisé à Villeneuve-d'Ascq une exposition intitulée « À mon corps dérangeant » qui présente des couples dont au moins l'un des membres est handicapé. Le photographe souligne, comme le rapporte cet article du *Huffington Post*, combien, dans leur intimité, ces couples sont heureux en dépit des souffrances physiques.

VERS L'EXPOSÉ

1. La découverte d'un corps handicapé

Visionnez la bande-annonce du film de Jacques Audiard et les photographies de Jérôme Deya présentées dans l'article. Comment l'un et l'autre soulignent-ils les dysfonctionnements du corps ?

2. Le corps, source de plaisirs

Chez Audiard et Deya, la douleur causée par le corps handicapé est balancée par le bonheur amoureux. Relevez un plan de la bande-annonce du film ainsi qu'une photo de Deya permettant de montrer que le corps blessé peut aussi être source de plaisir.

SUJET 2 Un corps impossible à maîtriser ?

Le corps humain subit des accidents ou des maladies contre lesquelles il ne peut rien. L'homme, blessé et amoindri, se découvre alors un corps fragile et hors de contrôle. Devant ces défaillances, certains cherchent à discipliner leur organisme.

Les sites à explorer

- **La bande-annonce du film *Johnny s'en va-t-en guerre* de Dalton Trumbo**
  https://www.youtube.com/watch?v=zElshGQ0h3A

  Dans ce film de guerre de 1971, le réalisateur Dalton Trumbo présente l'histoire tragique du jeune Joe Bonham, soldat américain qui, durant la Première Guerre mondiale, se porte volontaire pour combattre sur le front. Mais, à la première mission de reconnaissance, il est grièvement blessé et perd l'odorat, l'ouïe, la vue et la parole. Il est enfin amputé des quatre membres. Devant cette totale perte de maîtrise de son corps, Bonham va développer la sensibilité de sa peau pour retrouver un lien avec l'extérieur.

- **Vidéo sur le thème « le corps en désordre »**
  http://www.liberation.fr/evenements-libe/2016/12/03/le-corps-en-desordre_1532753

  En 2016, à l'occasion de la journée mondiale de prévention contre l'AVC (accident vasculaire cérébral), le quotidien *Libération* a organisé une journée de débats. La réflexion porte sur la perte de contrôle de son corps par le patient et aux pistes thérapeutiques pour retrouver l'usage de ses membres. La vidéo présente les interventions de Christine Détrez, sociologue, de Matthieu Firmin, journaliste frappé d'un AVC, et de Gisèle Gelbert, médecin spécialisée dans les AVC.

VERS L'EXPOSÉ

1. Un rapport difficile à son handicap

Pourquoi la bande-annonce du film de Trumbo ne montre-t-elle pas de corps handicapé ? Que cherche-t-elle à suggérer ? Confrontez vos observations à ce qui est dit dans le reportage de *Libération* sur la manière dont la personne handicapée dissimule son corps.

2. Reprendre le contrôle de son corps ?

Visionnez la vidéo de *Libération* et notez de quelles manières on peut reprendre le contrôle d'un « corps en désordre », suite à un AVC.

CHAPITRE 2

Le **corps artificiel** : un corps **maîtrisé** ?

et pour entrer
dans le vif du sujet…

CINÉ & Cie p. 54

Un film pour entrer dans le vif du sujet

Est-on fatalement obligé d'accepter son sort lorsque l'on est malade ou blessé et que son corps meurtri s'enfonce dans la paralysie ou la mort ?

Tony Stark, alias Iron Man, ne se pose pas longtemps la question. Mortellement blessé au cours d'une attaque terroriste, le jeune ingénieur et inventeur de génie décide de tout mettre en œuvre pour maîtriser son corps. Il se fait greffer un cœur nucléaire et s'offre un corps artificiel : une armure de haute technologie qui lui procure des capacités extraordinaires et fait de lui un cyborg invulnérable.

Iron Man
de Jon Favreau, 2008, États-Unis

Le résumé du film

Jeune milliardaire séducteur, Tony Stark (Robert Downey Jr) est également un brillant ingénieur en technologies avancées qui assure le succès des usines d'armements, Stark Industries, qu'il a héritées de son père. Mais un jour, alors qu'il est en Afghanistan pour présenter de nouveaux missiles de son invention, il est enlevé par des terroristes. Grièvement blessé, il est soigné par un professeur qui lui greffe un cœur artificiel alimenté par une batterie de voiture.

À peine rétabli mais toujours prisonnier des terroristes, il leur fait croire qu'il invente à leur profit de nouvelles armes alors qu'il est en train de remplacer la batterie de voiture qui le maintient en vie par un réacteur nucléaire. Il se construit également une armure extraordinaire qui va protéger son corps, lui permettre de s'enfuir en volant et de déjouer tous les dangers.

De retour chez lui et désormais décidé à faire le bien, il devient Iron Man, super-héros à l'armure invincible.

Le lien avec le thème

Lorsqu'on est blessé et que l'on passe tout près de la mort comme Tony Stark, on comprend l'énergie qui pousse un grand nombre de victimes et de soignants à tout entreprendre pour réparer les corps. Mais le corps de Tony Stark n'est pas seulement réparé. Le jeune homme ne se métamorphose en Iron Man que parce que son corps est aussi augmenté.

Le film nous permet d'assister aux différentes étapes de cette transformation d'un corps naturel en corps artificiel. Dans un premier temps, le professeur, qui assure au blessé les premiers soins, use de ses talents de médecin pour lui sauver la vie en lui greffant un cœur artificiel. C'est dans un second temps que le jeune homme réparé, en mesure d'utiliser à nouveau son génie créateur et ses connaissances technologiques, se forge, à l'aide de prothèses, un corps augmenté qui fait de lui un surhomme capable de relever tous les défis.

▸ Observez l'affiche du film *Iron Man*

3e de couverture

1. Décrivez les différentes composantes de l'image.
2. Comment interprétez-vous le slogan du film ? À quel avantage et quel inconvénient du corps artificiel fait-il allusion ?
3. Pourquoi le cœur d'Iron Man est-il mis en valeur par une lumière vive ?

Visionnez le film et commentez-le !

1. Pourquoi, dans la première partie du film, de nombreux plans sont consacrés aux inventions de Tony Stark ? Que vont-ils suggérer pour la suite du film ?
2. Observez les lumières dans la scène où le professeur opère Tony Stark ? Comment son corps est-il filmé ?
3. En quoi, dans la scène finale de combat, l'armure d'Iron Man fait-elle de lui davantage un robot qu'un homme ?

> « Oui, mon corps est moi-même,
> et j'en veux prendre soin. »
>
> MOLIÈRE, *Les Femmes savantes* (1672)

Notre corps fait partie de nous-mêmes, au même titre que notre esprit, et nous devons en prendre soin. Mais nous pouvons aller au-delà de cette première exigence en tentant de le maîtriser. C'est le défi relevé par Tony Stark après avoir frôlé la mort au cours d'un enlèvement CINÉ & CIE • p. 54. Le jeune play-boy milliardaire, qui a longtemps abusé de ses charmes auprès des femmes, ne se contente pas du cœur artificiel qui lui a été implanté par un médecin. Ingénieur et inventeur de génie, il se construit un corps artificiel et une identité nouvelle. Devenu un surhomme grâce à son armure, Iron Man décide de mettre les pouvoirs de son corps augmenté au service de nobles causes.

Toutefois, pour lutter contre les lois de la nature qui mènent l'homme vers un affaiblissement progressif puis une mort certaine, nul besoin de se transformer en Iron Man ! Il existe plusieurs moyens de maîtriser son corps.

Le premier envisagé ici concerne **le soin et l'attention portés à soi-même**. Si la beauté relève de la nature qui en dote certains, elle n'est rien si elle n'est pas mise en valeur : telle est la loi première d'un corps qui a besoin d'artifice pour séduire et pour plaire. On peut user du maquillage et, plus récemment, faire appel à la chirurgie esthétique pour corriger des traits disgracieux ou pour conserver un visage éternellement jeune.

La deuxième manière de dominer son corps en en repoussant les limites concerne à l'évidence **la pratique régulière d'un sport**. De nombreux sportifs ont des prédispositions naturelles qu'un entraînement régulier et méthodique multiplie de manière impressionnante. De nouveaux muscles apparaissent et le sportif accomplit des exploits qui semblaient impossibles.

La troisième manière de maîtriser son corps est fournie par les progrès de la médecine. Un corps malade doit être soigné et guéri. Or, seule la **connaissance approfondie du corps par la médecine** aidée des nouvelles technologies permet de **réparer le corps malade**.

C'est à un dépassement radical des limites imposées par la nature qu'ouvre la quatrième voie. Elle ne vise même plus à guérir mais à augmenter le corps par l'implantation de prothèses toujours plus performantes. L'**homme augmenté**, grâce aux progrès technologiques, rêve de défier les lois de la nature en devenant immortel, à la manière d'Iron Man. Mais ce rêve peut-il devenir réalité ?

A Prendre soin de son corps

Selon Baudelaire DOC 18 • p. 58, l'homme doit **cesser de subir son corps naturel**, parfois plein de défauts, et utiliser tous les moyens pour le rendre le plus beau possible. Dans cette quête d'idéal, le **maquillage** apparaît comme le meilleur allié, ainsi que le suggère également Rubens DOC 19 • p. 60 considérant que pour prendre soin de soi il faut rejeter tout ce qui est naturel. Même Vénus, la déesse de la Beauté, n'est pas belle naturellement : elle magnifie son corps par des artifices.

Cultiver son apparence n'est plus uniquement considéré comme une coquetterie. C'est désormais un **art de vivre** à part entière. En effet, pour l'historien Georges Vigarello DOC 20 • p. 61, notre époque se caractérise par son **obsession pour les soins de beauté**. Il faut ainsi trouver au quotidien le meilleur soin du visage pour se sentir resplendissant et bien intérieurement. Car la nature, souvent ingrate et cruelle, ne doit plus avoir de prise sur le corps humain. L'homme doit s'affranchir de sa tyrannie.

Tel est le souhait du personnage de Dorian Gray DOC 21 • p. 63. D'une rare beauté, le jeune homme refuse de la voir se dégrader sous le poids des années, et fait un vœu pour que son portrait vieillisse à sa place. Cependant, si ce **désir de conserver une éternelle jeunesse** pouvait paraître un peu fou il y a encore un siècle, les avancées médicales et technologiques renforcent la volonté affichée par l'homme de maîtriser son propre corps. Ainsi, la **chirurgie esthétique** DOC 22 • p. 65, qui corrige les défauts de la nature et fait reculer le vieillissement, n'a jamais connu un tel succès qu'en ce début de millénaire, touchant aussi bien les femmes que les hommes. L'acceptation d'un corps malade, amputé ou vieillissant n'est plus une fatalité.

DOC **18**

Charles Baudelaire
Éloge du maquillage

Dans Le Peintre de la vie moderne, *recueil d'essais où il s'interroge sur les critères de la beauté de son époque, Charles Baudelaire (1821-1867) offre un éloge du maquillage des femmes qui, selon lui, fait partie d'une quête d'idéal. L'embellissement artificiel, véritable art, permet d'effacer les défauts de la nature et de sublimer le corps.*

[Le corps maquillé]

La femme est bien dans son droit, et même elle accomplit une espèce de devoir en s'appliquant à paraître magique et surnaturelle; il faut qu'elle étonne, qu'elle charme; idole[1], elle doit se dorer[2] pour être adorée. Elle doit donc emprunter à tous les arts les moyens de s'élever au-dessus de la nature pour mieux subjuguer[3] les cœurs et frapper les esprits. Il importe fort peu que la ruse et l'artifice soient connus de tous, si le succès en est certain et l'effet toujours irrésistible. C'est dans ces considérations que l'artiste philosophe trouvera facilement la légitimation[4] de toutes les pratiques employées dans tous les temps par les femmes pour consolider et diviniser, pour ainsi dire, leur fragile beauté. L'énumération en serait innombrable;

1. Idole: divinité que l'on adore, à qui l'on voue un culte.
2. Se dorer: se parer d'or, de bijoux en or.
3. Subjuguer: éblouir.
4. Légitimation: reconnaissance légale.

mais, pour nous restreindre à ce que notre temps appelle vulgairement *maquillage*, qui ne voit que l'usage de la poudre de riz[1], si niaisement anathématisé[2] par les philosophes candides[3], a pour but et pour résultat de faire disparaître du teint toutes les taches que la nature y a outrageusement[4] semées, et de créer une unité abstraite dans le grain et la couleur de la peau, laquelle unité, comme celle produite par le maillot[5], rapproche immédiatement l'être humain de la statue, c'est-à-dire d'un être divin et supérieur ? Quant au noir artificiel qui cerne l'œil et au rouge qui marque la partie supérieure de la joue, bien que l'usage en soit tiré du même principe, du besoin de surpasser la nature, le résultat est fait pour satisfaire à un besoin tout opposé. Le rouge et le noir représentent la vie, une vie surnaturelle et excessive ; ce cadre noir rend le regard plus profond et plus singulier[6], donne à l'œil une apparence plus décidée de fenêtre ouverte sur l'infini ; le rouge, qui enflamme la pommette, augmente encore la clarté de la prunelle et ajoute à un beau visage féminin la passion mystérieuse de la prêtresse[7].

Ainsi, si je suis bien compris, la peinture[8] du visage ne doit pas être employée dans le but vulgaire, inavouable, d'imiter la belle nature et de rivaliser avec la jeunesse. On a d'ailleurs observé que l'artifice n'embellissait pas la laideur et ne pouvait servir que la beauté. Qui oserait assigner[9] à l'art la fonction stérile d'imiter la nature ? Le maquillage n'a pas à se cacher, à éviter de se laisser deviner ; il peut, au contraire, s'étaler, sinon avec affectation[10], au moins avec une espèce de candeur[11].

Je permets volontiers à ceux-là que leur lourde gravité empêche de chercher le beau jusque dans ses plus minutieuses manifestations, de rire de mes réflexions et d'en accuser la puérile solennité ;

1. **Poudre de riz :** poudre blanche qui, appliquée sur le visage, permet d'uniformiser le teint.
2. **Anathématisé :** diabolisé, rejeté.
3. **Candides :** naïfs.
4. **Outrageusement :** scandaleusement.
5. **Maillot :** sous-vêtement moulant le buste.
6. **Singulier :** original.
7. **Prêtresse :** jeune femme attachée au culte d'une divinité païenne.
8. **Peinture :** ici maquillage.
9. **Assigner :** attribuer, donner.
10. **Avec affectation :** avec beaucoup de recherche.
11. **Candeur :** naïveté.

leur jugement austère[1] n'a rien qui me touche; je me contenterai d'en appeler auprès des véritables artistes, ainsi que des femmes qui ont reçu en naissant une étincelle de ce feu sacré dont elles voudraient s'illuminer tout entières.

« Éloge du maquillage », ***Le Peintre de la vie moderne***, 1863 ■

3 questions pour vous guider...

1. Expliquez la phrase suivante : « Elle doit donc emprunter à tous les arts les moyens de s'élever au-dessus de la nature pour mieux subjuguer les cœurs et frapper les esprits » (l. 4-6).
2. Relevez le champ lexical du divin. Qu'est-ce que Baudelaire entend suggérer à travers lui ?
3. Quels sont les arguments avancés par Baudelaire dans les deux derniers paragraphes pour faire l'éloge d'un corps artificiel ?

DOC **19**

Pierre Paul Rubens
La Toilette de Vénus

[Les soins apportés au corps]

Considéré comme l'un des peintres majeurs de l'âge baroque, Pierre Paul Rubens (1577-1640) dévoile dans La Toilette de Vénus *(1615) l'un des premiers nus féminins saisi dans son intimité. La déesse de la Beauté est présentée ici s'apprêtant devant son miroir. Pour Rubens, même la beauté de Vénus doit être magnifiée par une attention extrême apportée au corps* CAHIER PHOTOS • **p. III**.

1. **Austère :** sévère.

3 questions pour vous guider...

1. Décrivez les composantes du tableau.
2. En quoi peut-on affirmer qu'il s'agit d'une scène intime ?
3. Quel rôle joue le miroir dans cette peinture ?

DOC **20**

Georges Vigarello

Histoire de la beauté

Georges Vigarello (né en 1941) est un historien des représentations du corps. Dans son essai intitulé Histoire de la beauté, *il s'est notamment intéressé à l'évolution des critères de beauté de la Renaissance à nos jours. Il démontre ici combien notre temps est caractérisé, plus qu'aucune autre époque, par son obsession du bien-être et sa recherche d'une absolue maîtrise du corps.*

[La recherche contemporaine du bien-être]

La « prédominance[1] du bien-être » est même considérée comme facteur premier dans le marché de la beauté. Les traités[2] le disent à leur manière aussi, calquant la « meilleure forme » sur la manière de se « sentir bien et en harmonie avec son corps ».

Conséquence majeure, le bien-être est devenu principe d'embellissement : « Cajolez votre corps », suggère Lancôme en 1975, « Accédez au sentiment d'intime sérénité et de bien-être », ajoute Sothys en 1980, « Adieu les peaux sèches, bonjour les caresses », ponctue Garnier[3] en 2003. Les « crèmes doudounes », les « lèvres chouchoutées », les « peaux cocoonées » seraient autant de promesses. Elles imposent le plaisir au cœur des gestes, comme le font d'autres soins : « santé plaisir », « soins plaisirs », « diète plaisir »,

1. **Prédominance :** domination, suprématie.
2. **Traités :** textes qui, ici, donnent des conseils de beauté.
3. **Lancôme, Sothys et Garnier :** marques de cosmétiques.

« phyto[1] plaisir », « régime plaisir ». La protection au cœur des projets : le maquillage, par exemple, optimise l'apparence autant qu'il renforce les limites naturelles du moi, défend le sujet, le préserve d'agressions multiformes, éloigne « tout ce qui peut abîmer la peau ». Les crèmes se font « écrin », « bouclier cutané[2] », « bouclier vital », « écran pare-chocs », « formule contre les effets du stress et de la pollution », toutes censées ajouter l'abri à la mise en scène, toutes censées favoriser l'épanouissement de soi. Ce qui mêle pour la première fois l'image extérieure et l'effet intérieur, le fard[3] et le soin, sollicitude[4] d'autant plus précieuse « qu'elle vous fait du bien ».

L'« idéal » se prescrit d'ailleurs autrement : non plus le recours à l'argument d'autorité, l'échange vertical[5] et indiscuté, mais l'insistance sur les choix individuels, l'accomplissement de soi. Non plus le sérieux d'élèves au travail, mais le sourire d'officiants[6] en vacances. L'ordre n'est plus obligé : conviction venue du dedans, il différerait avec chacun. Les personnages « exemplaires », les « vedettes », les mannequins devenus « tops models » peuvent même changer de ton : ils se racontent. La « star » ne conseille plus comme dans les années 1930. Elle n'édicte[7] plus : elle se dit, évoquant ses préférences, ses plaisirs. Estelle Lefébure[8], interrogée par *Votre beauté* en 2003, survole les produits qu'elle consomme pour mieux faire l'éloge d'une maquilleuse qui aurait su la distinguer comme un « cas », en percevant sa totale singularité[9] : « Elle a vraiment compris ce que j'aime et pourtant je me connais parfaitement. » Mathilde Seigner[10] « vide son sac à main » dans *Votre beauté* pour énumérer les cosmétiques qui s'y trouvent plus que pour les « imposer ».

Peu de fixité apparente aussi dans ces modèles, peu de stabilité durable. Les « stars changent de look comme de chemise », constate

---

1. **Phyto :** produit cosmétique dont les vertus sont tirées de certains végétaux.
2. **Cutané :** lié à la peau.
3. **Fard :** maquillage.
4. **Sollicitude :** attention, intérêt.
5. **Vertical :** hiérarchique.
6. **Officiants :** prêtres.
7. **Édicte :** proclame des lois.
8. **Estelle Lefébure :** célèbre mannequin français (née en 1966).
9. **Singularité :** originalité.
10. **Mathilde Seigner :** actrice française (née en 1968).

Questions de femmes en 2003. Pamela Anderson[1] transforme le volume de ses seins au gré de ses films. Elisabeth Hurley[2] rend ses lèvres plus ou moins pulpeuses pour les mêmes raisons. Elles varient, se révisent, remodelant quelquefois de part en part leur allure quotidienne jusqu'à leurs expressions intimes. Comme ceux qui les regardent d'ailleurs ; les uns et les autres insistant sur leur volonté de rupture, leur « nouveau look », leurs brusques distances mêlées de continuités : « J'ai pris conscience que je pouvais être moi-même tout en étant différente. » Vertige de l'individu contemporain, sensible plus que jamais aux décrochages et aux mobilités, signes patents[3] du pouvoir qu'il aurait sur lui-même.

Histoire de la beauté. Le corps et l'art d'embellir de la Renaissance à nos jours,
« L'Univers historique », © Éditions du Seuil, 2004, Points, 2014 ■

3 questions pour vous guider...

1. Pourquoi Georges Vigarello affirme-t-il que « le bien-être est devenu principe d'embellissement » (l. 5-6) ? Quels exemples donne-t-il ?
2. En quoi l'idéal de beauté est-il désormais perçu comme un choix personnel (l. 23-38) ? Quelles en sont les manifestations ?
3. Certaines stars semblent être prises par le « vertige de l'individu contemporain » (l. 49-50) : de quel vertige s'agit-il ?

DOC **21**

OSCAR WILDE
Le Portrait de Dorian Gray

Le romancier anglais Oscar Wilde (1854-1900) présente dans Le Portrait de Dorian Gray *l'histoire fantastique de Dorian Gray, riche et beau jeune homme qui, au moment de se faire peindre son portrait, fait un vœu : conserver éternellement sa jeunesse. Le portrait devra vieillir à sa place. L'élégant dandy trouve alors là le moyen de maîtriser son corps et de le conserver jeune à jamais.*

---

1. Pamela Anderson : actrice américaine (née en 1967).
2. Elisabeth Hurley : actrice anglaise (née en 1965).
3. Patents : visibles, manifestes.

[Un corps éternellement jeune]

Comme il tournait la poignée de la porte, ses yeux tombèrent sur son portrait peint par Basil Hallward; il tressaillit[1] d'étonnement!... Il entra dans sa chambre, vaguement surpris...

Après avoir défait le premier bouton de sa redingote[2], il parut hésiter; finalement il revint sur ses pas, s'arrêta devant le portrait et l'examina... Dans le peu de lumière traversant les rideaux de soie crème, la face lui parut un peu changée...

L'expression semblait différente. On eût dit qu'il y avait comme une touche de cruauté dans la bouche... C'était vraiment étrange!...

Il se tourna, et, marchant vers la fenêtre, tira les rideaux... Une brillante clarté emplit la chambre et balaya les ombres fantastiques des coins obscurs où elles flottaient. L'étrange expression qu'il avait surprise dans la face y demeurait, plus perceptible encore... La palpitante lumière montrait des lignes de cruauté autour de la bouche comme si lui-même, après avoir fait quelque horrible chose, les surprenait sur sa face dans un miroir.

Il recula, et prenant sur la table une glace ovale entourée de petits amours[3] d'ivoire, un des nombreux présents de lord Henry, se hâta de se regarder dans ses profondeurs polies[4]... Nulle ligne comme celle-là ne tourmentait l'écarlate[5] de ses lèvres...

Qu'est-ce que cela voulait dire?

Il frotta ses yeux, s'approcha plus encore du tableau et l'examina de nouveau... Personne n'y avait touché, certes, et cependant, il était hors de doute que quelque chose y avait été changé... Il ne rêvait pas! La chose était horriblement apparente...

Il se jeta dans un fauteuil et rappela ses esprits[6]... Soudainement, lui revint ce qu'il avait dit dans l'atelier de Basil le jour même où le portrait avait été terminé. Oui, il s'en souvenait parfaitement. Il avait énoncé le désir fou de rester jeune alors que vieillirait ce

---

1. **Tressaillit:** frémit, trembla.
2. **Redingote:** manteau.
3. **Amours:** anges figurant Cupidon, le dieu de l'Amour.
4. **Polies:** allusion à la surface polie du miroir.
5. **Écarlate:** rouge.
6. **Rappela ses esprits:** se souvint.

tableau… Ah ! si sa beauté pouvait ne pas se ternir et qu'il fut donné à ce portrait peint sur cette toile de porter le poids de ses passions, de ses péchés !… Cette peinture ne pouvait-elle donc être marquée des lignes de souffrance et de doute, alors que lui-même garderait l'épanouissement délicat et la joliesse[1] de son adolescence !

Son vœu, pardieu[2] ! ne pouvait être exaucé ! De telles choses sont impossibles ! C'était même monstrueux de les évoquer… Et, cependant, le portrait était devant lui portant à la bouche une moue[3] de cruauté !

***Le Portrait de Dorian Gray*, 1890** ■

3 questions pour vous guider…

1. Pourquoi, dans les deux premiers paragraphes, Dorian Gray est-il surpris en contemplant son portrait ?

2. Relevez le passage où Dorian Gray se souvient de son vœu. Comment se manifeste-t-il sur le tableau ?

3. Observez la ponctuation de l'ensemble du passage : que traduit-elle des sentiments de Dorian Gray ?

DOC **22**

ANNE-CLAIRE GENTHIALON

Tous piqués

Dans son article paru dans le quotidien Libération, *la journaliste Anne-Claire Genthialon évoque un phénomène de société qui ne cesse de se développer : la chirurgie esthétique. De plus en plus d'individus expriment le désir de remodeler chirurgicalement leurs corps pour corriger les défauts de la nature. Jusqu'alors largement utilisée par les femmes, la chirurgie esthétique s'impose désormais comme une pratique de plus en plus courante parmi les hommes.*

---

1. Joliesse : beauté.
2. Pardieu : pardi, bon sang.
3. Moue : grimace.

[Un corps remodelé par la chirurgie esthétique]

Aux États-Unis, on parle déjà de « phénomène de société ». Signe incontestable de sa popularité, on a déjà trouvé un néologisme[1] pour baptiser cette tendance : le « brotox », contraction entre « Brother » (frère, mec) et Botox[2]. Longtemps, on a cru les hommes guère concernés. Comme immunisés contre les complexes corporels et épargnés par les injonctions[3] sociales sur le corps. Complètement désintéressés par toutes les procédures esthétiques. Laissant aux femmes, et à une poignée d'acteurs ou de présentateurs de télé, injections, interventions, liposuccions[4], produits de comblement et autres liftings.

Oui mais voilà, il y a la fameuse ride du lion, bien calée entre les deux yeux et qui donne un air sévère. Les paupières tombantes qui font un regard fatigué. Les sillons d'amertume autour de la bouche, le double menton, les pattes d'oie[5]. Le visage qui perd en volume. Tous ces signes du temps qui passent et qui marquent les mines. S'ils se sont tenus à bonne distance des cabinets de chirurgies et de médecines esthétiques, les hommes sont de plus en plus nombreux à venir squatter les consultations en quête d'une cure de jouvence[6] express. Les hommes n'ont certes pas attendu ces dernières années pour prendre soin d'eux. « Depuis une vingtaine d'années, on assiste à une androgynisation[7] de l'esthétique du corps, relève Isabelle Queval, chercheur au Centre de recherche sur les liens sociaux (Cerlis/CNRS). Il y a un rapprochement des modes de vie féminin et masculin, les consommations se rapprochent. Cette tendance s'inscrit dans un discours général qui accentue l'importance du sport, de la santé avec des incitations de plus en plus nombreuses à s'entretenir, à montrer qu'on prend soin de soi. »

---

1. Néologisme : mot inventé pour l'occasion.
2. Botox : toxine liquide injectée dans le visage pour en rajeunir les traits.
3. Injonctions : ordres.
4. Liposuccions : interventions chirurgicales qui permettent d'aspirer les surcharges graisseuses.
5. Pattes d'oie : rides aux coins extérieurs des yeux.
6. Jouvence : jeunesse.
7. Androgynisation : le corps masculin devient de plus en plus féminin.

La manne[1] masculine

Selon les statistiques de l'American Society of Plastic Surgeons, le nombre d'interventions cosmétiques pour les hommes a ainsi augmenté de 273 % depuis 1997. En 2014, ils auraient fait l'objet de plus de 2,7 millions d'actes esthétiques. Ils représenteraient désormais presque 14 % du marché. « C'est une croissance relativement faible mais nous constatons désormais dans les consultations entre 12 et 20 % de clientèle masculine », note le docteur Benjamin Ascher, chirurgien plasticien et directeur scientifique du Congrès mondial de l'esthétique médicale et chirurgicale, Imcas. [...]

Désormais décomplexée, la médecine pour hommes n'a plus rien d'« anormale ». « On n'aurait jamais vu Jean Gabin[2] se faire faire des injections ! », lance en riant le docteur Sylvie Poignonec, auteur de *Faut-il être beau pour réussir ?*. Mais aujourd'hui, les prix ont baissé, ce genre d'acte est plus abordable pour tout le monde et tend à se banaliser. Nos clients ont grandi avec l'idée qu'ils peuvent améliorer leur apparence et que celle-ci a un impact sur leur réussite professionnelle. »

Si nombre de clients des médecins esthétiques et des dermatologues[3] ne recherchent pas le rajeunissement à tout prix, ils ne veulent surtout pas paraître « fatigués » ou montrer un visage crispé. Rester « frais » et « compétitif » pour mieux aborder le monde du travail. « La beauté et la jeunesse passent parfois avant les diplômes et l'expérience », poursuit Sylvie Poignonec. « Les injections de Botox, qui détendent le front permettent d'avoir l'air moins sévère, moins soucieux. Les retirer donne une image plus avenante[4], attractive pour les autres ». Et tous les secteurs d'activité sont touchés. Les médecins interrogés dans le cadre de cet article comptent dans leur patientèle[5] aussi bien des informaticiens, des agriculteurs, des techniciens, que des écrivains...

1. **Manne :** bienfait providentiel.
2. **Jean Gabin :** acteur français (1904-1976), connu pour son côté brut et naturel.
3. **Dermatologues :** médecins spécialisés dans les maladies de peau.
4. **Avenante :** aimable, accueillante.
5. **Patientèle :** clientèle d'un médecin.

Mais pour Bernard Andrieu[1], philosophe du corps, il n'y a pas de quoi se réjouir d'une démocratisation des injections en tout genre. « Désormais, les hommes, comme les femmes, sont censés avoir tous les moyens à leur disposition pour paraître plus jeunes, plus beaux, expose le chercheur. Le fait que les hommes rejoignent les femmes dans leur utilisation de la médecine esthétique ne fait que renforcer, prolonger les stéréotypes de la jeunesse, de l'entretien du corps. Qui pèsent désormais sur les deux genres au lieu de les faire évoluer. »

« Tous piqués », par Anne-Claire Genthialon, 29 octobre 2015, © Libération.fr ■

3 questions pour vous guider...

1. Quel est le sens du terme « brotox » (l. 3) ?
2. Relevez trois raisons pour lesquelles, selon la journaliste, les hommes se livrent de plus en plus à la chirurgie esthétique (l. 37-56) ?
3. Pourquoi, selon Bernard Andrieu, il ne faut pas se réjouir que les hommes usent à leur tour de la chirurgie esthétique ?

B Modeler son corps

Pour arrêter les signes du vieillissement et repousser les limites que la nature impose au corps de l'homme, il ne suffit pas de prendre uniquement soin de son visage. Il convient de modeler le reste du corps, en **améliorant ses performances physiques**.

Le **sport joue un rôle déterminant** comme le montre l'exemple d'Émile Zatopek dont Jean Echenoz retrace le parcours DOC **23 • p. 69**. Le coureur de fond tchèque incarne la volonté et la détermination d'un homme déjà doué physiquement mais qui décide, en s'entraînant sans répit jour et nuit, de se dépasser. De la même manière, le **sport de haut niveau** DOC **24 • p. 72** permet

1. Voir DOC 37, p. 114.

à certains sportifs d'atteindre des performances inouïes, défiant les lois naturelles du corps humain. La pratique quotidienne du sport leur permet de **développer leur masse musculaire** et de **sculpter leur corps** au prix d'intenses efforts.

Enfin, l'exercice du sport DOC 25 • p. 72 aide à **prévenir les risques de maladie**. Une bonne condition physique permet de se maintenir en **excellente forme physique mais aussi psychique** puisque les grands sportifs sont moins exposés que le reste de la population à l'anxiété ou à la dépression. **Modeler son corps** permet donc de s'assurer une **bonne maîtrise de soi**.

DOC **23**

JEAN ECHENOZ
Courir

Courir du romancier Jean Echenoz (né en 1947) est la biographie romancée du légendaire champion de courses de fond Émile Zatopek (1922-2000). Echenoz montre ici comment l'athlète tchèque, pourtant déjà très doué, s'entraîne quotidiennement pour développer son corps et son potentiel physique.

[Un corps endurci]

Ce qu'il ne comprend pas non plus, c'est que les autres, au stade, parlent chaque fois gravement[1] de leur course, avec autant de sérieux que si ça l'était. Or courir, pour Émile, est plutôt devenu un plaisir même s'il comprend aussi que ce plaisir doit s'apprendre. Du coup, c'est lui qui se met à en faire trop. L'hiver, entre deux saisons, il s'entraîne inconsidérément[2] pendant que les autres se reposent chez eux. Il fonce tous les jours sur la route jusqu'au village voisin, huit kilomètres aller-retour sans s'interrompre, et retourne sans cesse au stade bien que ça fatigue et que ça fasse mal. Il s'obstine tellement que les autres commencent à s'inquiéter pour lui. Tu es complètement malade, Émile, s'alarment-ils, tu vas finir par

---

1. **Gravement:** de manière solennelle.
2. **Inconsidérément:** imprudemment.

t'épuiser. Travaille plutôt ton style. Mais non, dit-il, le style c'est des conneries. Et puis ce qui ne va pas chez moi, c'est que je suis trop lent. Tant qu'à courir, il vaut mieux courir vite, non ?

Il refuse donc de ne travailler que son endurance, comme eux qui se préparent seulement sur les longs parcours de fond ou de demi-fond qu'ils ont choisis pour domaine. Lui, inversant le système, s'entraîne aussi de plus en plus en vitesse, sur de petites distances indéfiniment répétées, ce qui commence à le faire progresser pas mal.

Pas mal au point de pouvoir envisager de faire face à d'autres spécialistes que les vieux copains de Zlin[1]. Au championnat qui oppose, à Prague[2], la Bohême à la Moravie[3], Émile s'inscrit pour la première fois à l'épreuve des quinze cents mètres, se confrontant aux trois meilleurs coureurs tchèques en demi-fond. Ceux-ci, s'étant soigneusement concertés, ont mis au point un plan d'attaque contre le détenteur du record, un nommé Salé. Ce plan est simple. Ils vont courir dès le départ le plus vite possible dans l'idée que ledit Salé, connu comme sprinter, finira par ralentir et cessera de lutter en se voyant trop loin de ce peloton de tête. Tout simple qu'il soit, le système des trois Tchèques est sur le point de marcher, Salé se décourage, les trois Tchèques sont contents. Mais ils ont oublié Émile qui a son point de vue personnel sur la marche à suivre. Lui s'est d'abord contenté de suivre respectueusement Salé puis, voyant que celui-ci va céder, il se permet de le dépasser pour talonner les trois premiers qu'il laisse l'un après l'autre derrière lui. Deux cents mètres, avant l'arrivée, il démultiplie sa vitesse, sachant qu'il peut le faire s'étant préparé pour ça : il gagne.

On ne connaît pas le sprint final à cette époque, on tâche toujours d'étaler son effort, de le répartir sur une épreuve. Soucieux de s'économiser jusqu'à la fin, on ne croit pas pouvoir et surtout on n'ose pas réserver toute sa vitesse pour la déployer

1. Zlin : ville de la Tchécoslovaquie.
2. Prague : capitale de la Tchécoslovaquie.
3. La Bohême et la Moravie : régions de la Tchécoslovaquie.

dans la dernière ligne droite, donner sa plus grande mesure en fin de course. Eh bien voilà tout l'intérêt de se préparer aussi sur de petites distances : le sprint final, Émile vient de l'inventer.

Devenu très attentif aux battements de son cœur et à son degré de fatigue, Émile aimerait comprendre jusqu'où va son endurance. Il continue de s'entraîner tout l'automne, tout l'hiver, et pas seulement au stade. Dans la rue, sur les routes, en forêt, dans les champs, partout au point de se faire mal et par n'importe quel temps, il court moins comme un homme que comme une de ces bêtes plus douées que nous pour ça. Comme le chemin de chez lui à l'usine passe par une allée de peupliers, il tente un nouveau truc pour voir. Le premier jour, il retient son souffle en marchant jusqu'au quatrième peuplier, les deux jours suivants jusqu'au cinquième, puis au sixième, et ainsi de suite tous les deux jours jusqu'à ce qu'il parvienne enfin au bout de l'allée sans respirer. Mais une fois qu'il y est arrivé, il s'évanouit. Il s'évanouit une autre fois en prenant une douche froide après douze lignes droites exécutées à toute vitesse. Il ne recommencera plus ces excentricités mais tout ça l'intéresse. Il veut toujours savoir jusqu'où.

Courir, 2008, © Éditions de Minuit ■

3 questions pour vous guider...

1. Relevez, dans les lignes 1 à 14, un adverbe qui qualifie les efforts physiques de Zatopek à l'entraînement. Pourquoi ses proches s'inquiètent-ils ?
2. Quelle technique de course invente Zatopek pour gagner ?
3. Montrez en quoi, dans le dernier paragraphe, Zatopek repousse ses limites physiques. Quelles en sont les conséquences sur son corps ?

DOC **24**

PHOTOGRAPHIE
Usain Bolt

[Un athlète hors-norme : Usain Bolt]

Coureur jamaïcain, Usain Bolt (né en 1986) est entré dans la légende des Jeux olympiques pour avoir été l'athlète le plus primé de l'histoire. Couronné huit fois du titre de champion olympique entre 2008 et 2016, il a accumulé les records du monde dans les catégories reines de la course du 100 m, du 200 m et du 4 × 100 m. Doté de capacités physiques extraordinaires, Bolt se distingue notamment par ses entraînements intensifs en vue de dépasser ses propres records CAHIER PHOTOS • p. IV.

3 questions pour vous guider...

1. Décrivez les composantes de l'image.
2. Quelles parties du corps d'Usain Bolt sont soulignées dans cette photo ?
3. Pourquoi ne touche-t-il plus terre ici ? Quelle interprétation en donner ?

DOC **25**

DELPHINE CHAYET
Quand le sport dope le mental

Spécialiste des questions de médecine sportive, la journaliste Delphine Chayet s'intéresse ici à la pratique d'une activité physique régulière comme façon d'améliorer son bien-être psychologique. D'après de nombreux médecins, le sport permet de prévenir le stress ou la dépression.

[Le bien-être psychique par l'activité physique]

Une activité physique régulière réduit le stress, l'anxiété ou la dépression

Grâce au sport, ils ont surmonté un deuil, une blessure physique ou un chagrin d'amour, et en ont fait une force. Avant de devenir un joueur international de rugby, Christophe Dominici[1] était un jeune homme plein de colère et de culpabilité, brisé par la mort de sa grande sœur. Il raconte aujourd'hui avoir trouvé un refuge dans son club.

Philippe Croizon, amputé des bras et des jambes après un accident, a puisé le courage de vivre dans un projet fou : traverser la Manche à la nage. Devenu hémiplégique[2] après un accident de voiture à l'âge de 6 ans, Benoît Pinton a, lui, regagné ses capacités physiques et intellectuelles au prix d'un effort permanent. En 2011, il a participé parmi les valides au triathlon[3] le plus difficile du monde.

Tous les trois témoignent de ce que le sport est un moyen de se reconstruire. « Ce qui est vrai pour les sportifs de haut niveau l'est pour tout un chacun », précise le Dr Philippe Bouhours, psychiatre. Si les bénéfices du sport sur la santé physique sont aujourd'hui scientifiquement bien établis, son impact sur la santé mentale a été moins étudié.

Rôle protecteur

Les recherches menées montrent qu'une activité physique régulière est efficace pour lutter contre le stress, l'anxiété, la dépression et même les addictions. Selon une étude française publiée dans la revue PLos One, l'anxiété généralisée affecte 6 % des sportifs de haut niveau, contre 14 % de la population française.

« L'activité physique joue un rôle préventif, en limitant le risque de survenue de la maladie mentale, souligne le Dr Pierre Lavaud,

---

1. **Christophe Dominici :** joueur et entraîneur de rugby (né en 1972).
2. **Hémiplégique :** paralysie partielle du corps.
3. **Triathlon :** discipline sportive conjuguant trois épreuves : natation, cyclisme et course à pied.

psychiatre à l'hôpital du Kremlin-Bicêtre. Mais elle améliore aussi les symptômes après l'apparition de la pathologie[1] et réduit le risque de rechute. » En favorisant la vascularisation[2] du cerveau, le sport accentue en outre le développement cérébral de l'enfant et réduit le déclin cognitif à partir d'un certain âge.

Toutes les disciplines entraînant une dépense d'énergie jouent ce rôle protecteur, notamment l'endurance – course, nage, marche rapide. Le gain thérapeutique est optimal en cas de pratique d'une activité d'intensité modérée, trente minutes par jour, cinq fois par semaine.

Neurotransmetteurs et adrénaline

L'explication est en partie physiologique[3]. Le sport augmenterait l'activité de neurotransmetteurs[4] dans des zones cérébrales contrôlant les émotions et impliquées dans la survenue des maladies mentales. « Lorsqu'on entraîne son corps, on stimule son cerveau : on en a aujourd'hui la preuve grâce à la neuro-imagerie[5] », souligne le psychiatre Boris Cyrulnik[6].

Selon le Dr Stéphane Cascua, médecin du sport, l'adrénaline[7] explique aussi ce phénomène : « Le sport et le stress entraînent tous les deux la sécrétion[8] de cette hormone. Quand on fait du sport, on s'entraîne au stress. Or plus on est résistant au stress, moins on risque de basculer dans la dépression. » On sait aussi que les sportifs ont une réduction de ces hormones au repos et une fréquence cardiaque ralentie.

Ainsi les sportifs sont-ils mieux préparés à affronter les moments difficiles de l'existence. « Le sport apprend à endurer sa souffrance pour atteindre un but, à apprivoiser l'échec et à

---

1. **Pathologie :** maladie.
2. **Vascularisation :** irrigation d'un organe par les vaisseaux sanguins.
3. **Physiologique :** relevant de l'organisme.
4. **Neurotransmetteurs :** composés chimiques libérés par certains neurones pour en stimuler d'autres.
5. **Neuro-imagerie :** ensemble de techniques permettant de visualiser le cerveau par une série d'images virtuelles.
6. **Boris Cyrulnik :** psychiatre français (né en 1937).
7. **Adrénaline :** hormone secrétée en cas de stress et d'anxiété pour faire face au danger.
8. **Sécrétion :** production.

maîtriser ses émotions négatives. C'est un entraînement irremplaçable, témoigne un ancien handballeur de haut niveau. Cela m'a beaucoup servi après mon accident de moto. »

Confiance en soi

En procurant un sentiment d'accomplissement et de maîtrise, le sport renforce la confiance en soi. Triathlète[1] de haut niveau, Carl Blasco a connu une enfance douloureusement marquée par l'échec scolaire. Le sport lui a permis de se voir autrement. Auteur d'un essai[2] de légende dans un match contre les All Blacks[3], lors de la Coupe du monde de 1999, Christophe Dominici, 1,72 m et 80 kg, s'est quant à lui prouvé « qu'un petit, pas très costaud et plein de défauts peut arriver à faire des choses bien ».

Selon une expertise[4] collective de l'Inserm publiée en 2008, de nombreux travaux assurent que la pratique régulière d'une activité physique – 30 minutes d'activité modérée (marche rapide, gymnastique) cinq jours par semaine ou 20 minutes d'exercice de forte intensité (course, natation...) trois fois par semaine – augmente le niveau d'estime de soi.

« Elle réduit l'anxiété de la population générale adulte, peut-on lire dans ce document. Elle diminue le niveau de dépression de populations très diverses et devrait être proposée dans toute prise en charge de la dépression. » La présence d'un coach ou d'une équipe renforce les effets bénéfiques de l'activité physique.

Comme l'a souligné Boris Cyrulnik, lors d'un colloque sur la résilience[5] par le sport organisé par Eurosport, « relier les cinq continents à la nage, faire gagner l'équipe de France ou simplement participer à un marathon sont des projets d'existence qui relancent l'élan vital ».

« Quand le sport dope le mental », © Delphine Chayet / lefigaro.fr / 26.10.2012 ■

1. **Triathlète :** sportif pratiquant le triathlon.
2. **Essai :** en rugby, avantage obtenu en réussissant à placer le ballon derrière la ligne de but du camp adverse.
3. **All Blacks :** équipe nationale de rugby de Nouvelle-Zélande.
4. **Expertise :** examen.
5. **Résilience :** concept popularisé par Boris Cyrulnik qui consiste, pour un organisme, à retrouver ses pleines facultés après un accident.

3 questions pour vous guider...

1. Quel avantage Christophe Dominici, Philippe Croizon et Benoît Pinton trouvent-ils à l'activité sportive (l. 3-21) ?
2. Quel rôle joue, selon la journaliste, l'adrénaline dans la prévention du stress (l. 47-59) ?
3. En quoi pratiquer un sport de manière régulière permet-il, comme le dit Delphine Chayet, de renforcer « la confiance en soi » (l. 62) ?

C Réparer les vivants

Pour faire face aux accidents de la vie auxquels le sport parfois, la maladie souvent et plus généralement la nature expose le corps humain, l'homme doit être en mesure de réparer les vivants. Aussi s'est-il attelé au fil des siècles à approfondir ses connaissances scientifiques et techniques pour mieux connaître le corps humain.

Demeuré largement méconnu jusqu'à la Renaissance, le fonctionnement du corps et de l'ensemble de ses organes s'affirme progressivement au fil des siècles avec le **développement de l'anatomie**. C'est aux débuts de cette science que permet d'assister le tableau de Rembrandt illustrant une leçon de dissection sur un cadavre DOC 26 • p. 77. Plus on accumule de **connaissances sur le corps humain**, plus on progresse dans son exploration scientifique, mieux on guérit les malades. C'est ce que démontre Émile Zola DOC 27 • p. 78 à travers le personnage du docteur Pascal dont les travaux sur l'hérédité soulignent le **rôle clé de la médecine dans la maîtrise du corps humain**.

Les progrès de la médecine vont de pair avec les capacités de l'homme à maîtriser son corps. Le XXe siècle a connu à cet égard des avancées considérables. C'est le cas notamment de la **chirurgie réparatrice**, avec en particulier la **greffe de certains organes**. Comme le montre Maylis de Kerangal DOC 28 • p. 80, si certains organes sont défaillants ou malformés dès la naissance, la médecine a désormais la possibilité de les remplacer par des organes prélevés sur des personnes qui en ont fait le don. **L'homme réparé**, pour reprendre la terminologie médicale, illustre la possibilité désormais offerte de réparer les vivants.

DOC **26**

REMBRANDT
La Leçon d'anatomie du docteur Tulp

[Connaître scientifiquement le corps]

Maître de la peinture du XVIIe siècle, le néerlandais Rembrandt (1606-1669) présente avec La Leçon d'anatomie du docteur Tulp *(1632) un tableau réaliste des avancées scientifiques de son époque. Commandé par la puissante confrérie des chirurgiens dont le docteur Tulp est un célèbre membre, cette toile rend hommage à l'art de la dissection du corps humain qui commence alors à être pratiqué. Connaître l'anatomie du corps humain permet d'améliorer les soins médicaux et de diminuer les causes de mortalité* CAHIER PHOTOS • p. V.

3 questions pour vous guider...

1. Décrivez les composantes du tableau.
2. Quelles sont les deux teintes majeures avec lesquelles Rembrandt représente le cadavre ? Pour quelle raison ?
3. Dans le groupe de médecins, pourquoi certains ne regardent-ils pas le cadavre disséqué ?

DOC **27**

ÉMILE ZOLA

Le Docteur Pascal

Vingtième et dernier volume de la fresque naturaliste des Rougon-Macquart, Le Docteur Pascal d'Émile Zola (1840-1902) raconte l'histoire de Pascal Rougon, médecin obsédé par ses recherches scientifiques sur l'hérédité. Il entend exercer une médecine rationnelle qui guérisse méthodiquement les maladies. Selon lui, plus le corps est médicalisé, plus la mort est repoussée. Cependant, dans ce passage, il vit un moment de découragement, persuadé que ses recherches ne sont pas assez rigoureuses.

[Guérir les maladies]

Par la ville et par les campagnes environnantes, le docteur Pascal continuait donc ses visites de médecin. Et, presque toujours, il avait au bras Clotilde[1], qui entrait avec lui chez les pauvres gens.

Mais, comme il le lui avait avoué très bas, une nuit, ce n'étaient guère, désormais, que des tournées de soulagement et de consolation. Déjà, autrefois, s'il avait fini par ne plus exercer qu'avec répugnance[2], cela venait de ce qu'il sentait tout le vide de la thérapeutique[3]. L'empirisme[4] le désolait. Du moment que la médecine n'était pas une science expérimentale[5], mais un art[6], il demeurait inquiet devant l'infinie complication de la maladie et du remède, selon le malade. Les médications[7] changeaient avec les hypothèses : que de gens avaient dû tuer jadis les méthodes aujourd'hui abandonnées ! Le flair du médecin devenait tout, le guérisseur[8] n'était plus qu'un devin[9] heureusement doué, marchant lui-même à

---

1. **Clotilde :** nièce que le docteur Pascal héberge chez lui.
2. **Répugnance :** dégoût, répulsion.
3. **Thérapeutique :** médecine.
4. **Empirisme :** pratique de la médecine uniquement fondée sur des expériences.
5. **Science expérimentale :** science qui n'en serait qu'à ses débuts.
6. **Art :** technique à la méthode précise.
7. **Médications :** médicaments prescrits.
8. **Guérisseur :** personne qui guérit en dehors de l'exercice légal de la médecine.
9. **Devin :** voyant, prophète.

tâtons, enlevant les cures[1] au petit bonheur[2] de son génie. Et cela expliquait pourquoi, après une douzaine d'années d'exercice, il avait à peu près abandonné sa clientèle pour se jeter dans l'étude pure. Puis, lorsque ses grands travaux sur l'hérédité l'avaient ramené un instant à l'espoir d'intervenir, de guérir par ses piqûres hypodermiques[3], il s'était de nouveau passionné, jusqu'au jour où sa foi en la vie, qui le poussait à en aider l'action, en réparant les forces vitales, s'était élargie encore, lui avait donné la certitude supérieure que la vie se suffisait, était l'unique faiseuse de santé et de force. Et il ne continuait ses visites, avec son tranquille sourire, qu'auprès des malades qui le réclamaient à grands cris et qui se trouvaient miraculeusement soulagés, même lorsqu'il les piquait avec de l'eau claire.

Clotilde, parfois, maintenant, se permettait d'en plaisanter. Elle restait, au fond, la fervente[4] du mystère[5] ; et elle disait gaiement que, s'il faisait ainsi des miracles, c'était qu'il en avait en lui le pouvoir, un vrai bon Dieu ! Mais, alors, il s'égayait à lui retourner la vertu efficace de leurs visites communes, racontant qu'il ne guérissait plus personne quand elle était absente, que c'était elle qui apportait le souffle de l'au-delà, la force inconnue et nécessaire. Ainsi, les gens riches, les bourgeois, où elle ne se permettait pas d'entrer, continuaient à geindre[6], sans aucun soulagement possible. Et cette dispute tendre les amusait, ils partaient chaque fois comme pour des découvertes nouvelles, ils avaient de bons regards d'intelligence chez les malades. Ah ! cette gueuse[7] de souffrance qui les révoltait, qu'ils allaient seule combattre encore, comme ils étaient heureux, lorsqu'ils la croyaient vaincue ! Ils se sentaient récompensés divinement, quand ils voyaient les sueurs froides se sécher, les bouches hurlantes s'apaiser, les faces mortes reprendre vie. C'était leur amour, décidément, qu'ils promenaient et qui calmait ce petit coin d'humanité souffrante.

---

1. Enlevant les cures : supprimant certains traitements médicaux.
2. Au petit bonheur : au hasard.
3. Hypodermiques : sous la peau.
4. Fervente : fanatique.
5. Mystère : culte religieux lié à une divinité païenne.
6. Geindre : se plaindre.
7. Gueuse : pauvre, malheureuse.

– Mourir n'est rien, c'est dans l'ordre, disait souvent Pascal. Mais souffrir, pourquoi ? c'est abominable et stupide !

Le Docteur Pascal, chapitre 9, 1893 ■

3 questions pour vous guider...

1. Relevez, dans les deux premiers paragraphes, deux termes qui montrent que le docteur Pascal doute de ses recherches scientifiques.
2. Pourquoi Clotilde se prend-elle à plaisanter des malades du médecin (l. 27-44) ?
3. Expliquez cette remarque finale du docteur Pascal : « Mourir n'est rien, c'est dans l'ordre, disait souvent Pascal. Mais souffrir, pourquoi ? c'est abominable et stupide ! » (l. 45-46).

DOC **28**

Maylis de Kerangal

Réparer les vivants

La romancière Maylis de Kerangal (née en 1967) raconte dans Réparer les vivants *l'histoire du jeune Simon Limbres qui, à la suite d'un fatal accident de la route, est placé en état de mort cérébrale. Avec l'accord de ses parents, le docteur Révol procède au prélèvement du cœur, des poumons, des reins et du foie en vue de dons d'organes à des malades. Maîtriser le corps naturel revient à savoir réparer les vivants.*

[Réparer le corps par la greffe d'organes]

Les praticiens[1] vont tour à tour préparer leur greffon[2]. Des lames rapides et rigoureuses font le tour des organes afin de les libérer de leurs attaches, de leurs ligaments, de leurs différentes

1. Praticiens : chirurgiens.
2. Greffon : organe à greffer.

Le Bain turc, Jean-Auguste-Dominique Ingres, 1862, huile sur toile.

→ Présentation et questions • CHAPITRE 1, DOC 6, p. 27.

Le Christ mort au tombeau, Hans Holbein Le Jeune, 1521-1522, huile sur bois.

→ Présentation et questions • CHAPITRE 1, DOC 12, p. 38.

La Toilette de Vénus, Pierre Paul Rubens, 1614-1615, huile sur bois.

→ Présentation et questions • CHAPITRE 2, DOC 19, p. 60.

Usain Bolt lors de la finale du relais 4 x 100 mètres aux Jeux olympiques de Rio, 19 août 2016.

→ Présentation et questions • CHAPITRE 2, DOC 24, p. 72.

La Leçon d'anatomie du docteur Tulp, Rembrandt, 1632, huile sur toile.

→ Présentation et questions • CHAPITRE 2, DOC 26, p. 77.

Photo de Michel Fornasier et son bras bionique, octobre 2016.

→ Présentation et questions • CHAPITRE 2, DOC 31, p. 90.

Affiche du film *La Piel que habito* de Pedro Almodóvar, 2011.

→ Présentation et questions • CHAPITRE 3, CINE & CIE, p. 98.

La Réincarnation de Sainte Orlan, *Omnipresence-Surgery*, 7e opération-chirurgicale-performance dite « Omniprésence » d'Orlan, 21 novembre 1993.

→ Présentation et questions • CHAPITRE 3, DOC 39, p. 119.

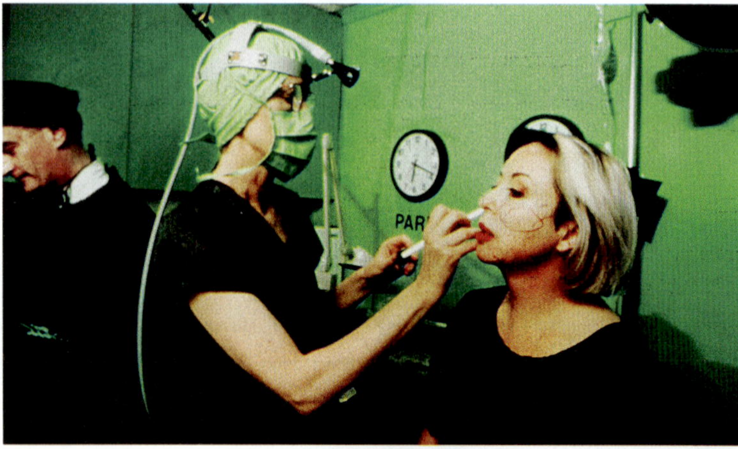

Affiche du film *Patients*
de Grand Corps Malade, 2017.

→ Présentation et questions •
CHAPITRE 3, DOC 45, p. 136.

enveloppes – mais rien n'est sectionné[1] encore. Les urologues[2], placés de chaque côté de la table, dialoguent durant cette séquence, le chirurgien trouvant dans cette intervention l'occasion de former l'interne[3], il est penché sur les reins, il décompose ses gestes et décrit sa technique tandis que l'élève acquiesce, parfois questionne.

Une heure plus tard, les Alsaciennes[4] font leur entrée, duo de femmes de même taille et de même corpulence; la chirurgienne, une des étoiles montantes dans le milieu relativement sélect de la chirurgie hépatique[5], s'abstient de toute parole, maintient un regard impassible derrière de petites lunettes cerclées de fer et travaille son foie avec une détermination qui tient de la bagarre, engagée toute entière dans une action qui semble trouver sa plénitude dans son exercice même, dans sa pratique, et l'équipière qui l'accompagne ne quitte pas des yeux ses mains d'une adresse inouïe.

Trente-cinq minutes s'écoulent encore et les thoraciques[6] pénètrent le bloc. C'est à Virgilio de jouer, c'est à lui, c'est son heure. Il prévient les Alsaciennes qu'il s'apprête à inciser, puis dans la foulée réalise la section longitudinale[7] du sternum[8]. À l'inverse des autres il ne se penche pas mais demeure le dos droit, nuque inclinée et bras tendus au-devant – manière de maintenir une distance avec le corps. Le thorax[9] est ouvert et Virgilio, alors, découvre le cœur, son cœur, considère son volume, détaille les ventricules[10], les oreillettes[11], observe son beau mouvement contractile[12] et Alice l'observe apprécier l'organe. Le cœur est magnifique.

---

1. Sectionné : coupé.
2. Urologues : médecins spécialisés dans les maladies de l'appareil urinaire.
3. Interne : médecin stagiaire en formation.
4. Les Alsaciennes : médecins venues d'Alsace pour la greffe.
5. Chirurgie hépatique : chirurgie spécialisée dans les maladies du foie.
6. Les thoraciques : chirurgiens spécialisés dans les maladies de l'appareil respiratoire dont fait partie le personnage de Virgilio.
7. Section longitudinale : incision faite dans le sens de la longueur.
8. Sternum : os plat constituant une partie du thorax humain.
9. Thorax : région supérieure du tronc d'un individu, comprise entre le cou et l'abdomen.
10. Ventricules : cavités du cœur.
11. Oreillettes : tubes cardiaques.
12. Contractile : qui peut se resserrer.

Il procède avec une rapidité stupéfiante, bras de catcheur et doigts de dentellière, dissèque l'aorte[1] puis, une à une, les veines caves : il éclaircit le muscle. Alice, située face à lui de l'autre côté de la table d'opération, est saisie par ce qu'elle voit, par le défilé autour de ce corps, par la somme d'actions dont il est l'objet ; elle observe le visage de Virgilio, se demande ce que cela signifie pour lui d'intervenir sur un mort, ce qu'il éprouve et à quoi il pense, l'espace tangue soudain autour d'elle, comme si la séparation entre les vivants et les morts n'existait plus ici.

La dissection achevée, on canule[2]. Les vaisseaux sont percés avec une aiguille afin d'y introduire de petits cathéters[3] par lesquels transitera le liquide destiné à refroidir les organes. L'anesthésiste surveille sur les écrans l'état hémodynamique[4] du donneur, absolument stable, tandis que Cordélia avitaille[5] les praticiens en ustensiles ad hoc[6], prenant soin de répéter le nom de la compresse, le numéro de la pince ou de lame à l'instant de la poser au creux de la main qui se tend ouverte devant elle, gantée de plastique, et plus elle distribue, plus sa voix s'affermit, plus elle a le sentiment de conquérir sa place. C'est prêt maintenant, la canulation est faite, on va pouvoir clamper[7] l'aorte – et chacun des praticiens présents au bloc repère sur la cartographie anatomique ce qu'il est venu prendre, reconnaît la pièce qui lui est destinée.

Réparer les vivants, 2013, ■

---

1. Aorte : artère chargée d'alimenter en oxygène l'ensemble du corps.
2. On canule : on installe des canaux d'irrigation pour alimenter les organes en sang.
3. Cathéters : dispositifs médicaux permettant d'irriguer un organe.
4. Hémodynamique : relatif à la circulation sanguine.
5. Avitaille : fournit.
6. Ad hoc : spécialement pour cela.
7. Clamper : serrer avec une pince pour arrêter la circulation du sang.

3 questions pour vous guider...

1. Relever trois passages où Maylis de Kerangal montre la concentration et la précision du personnel médical.
2. Observez l'entrée de chaque spécialiste dans l'intervention chirurgicale : à quelles fins Maylis de Kerangal emploie-t-elle le champ lexical du spectacle ?
3. « Le cœur est magnifique » (l. 27-28) : comment est vu le corps du jeune garçon qui donne ses organes ? Pourquoi ?

D Vers un corps augmenté

Une manière radicale de maîtriser son corps est d'en **augmenter la puissance en construisant un corps artificiel** à partir de son corps naturel.

Même si elle est portée par les spectaculaires progrès de la technologie, l'idée n'est pas nouvelle. Ovide DOC 29 • p. 84, philosophe de l'Antiquité, s'appuie sur un exemple tiré de la mythologie pour montrer qu'elle hante l'esprit des hommes depuis des temps lointains. Désireux de s'échapper du labyrinthe où ils sont retenus, Dédale fabrique pour son fils Icare et lui des ailes comparables à celles des oiseaux. L'idée de la prothèse est née. Il faut cependant attendre le début du XXIe siècle pour que les progrès scientifiques favorisent la **généralisation des prothèses**. Leur rôle premier, qui consiste à compenser une malformation ou une amputation, est d'abord médical. Mais la prothèse orthopédique DOC 30 • p. 86 permet aussi à un corps réparé de devenir un corps performant. Les jeux paralympiques, auxquels les athlètes handicapés atteignent des performances impressionnantes, prouvent ainsi s'il en était encore besoin à quel point les **prothèses repoussent les limites du corps humain**.

Tout aussi spectaculaire est la possibilité désormais fournie par la haute technologie de greffer à un homme des **bras bioniques** DOC 31 • p. 90 ou plus généralement des **membres bioniques**.

Comme dans un film de science-fiction, l'homme découvre la possibilité de voir son corps augmenté par des **greffes de parties mécaniques**, à la manière d'Iron Man. Tel un robot, l'**homme cybernétique** ou **cyborg** est le produit de ce qu'Olivier Hertel nomme le **mouvement transhumaniste** DOC 32 • p. 90. La machine vient ainsi suppléer aux défaillances de l'homme de manière multiple : organes de rechange produits par des imprimantes 3D, cerveaux téléchargeables sur des clefs USB ou encore exosquelettes rendant l'homme invulnérable. L'**homme augmenté ou transhumain** se caractérise par les performances que lui offre son **corps artificiel** : il le débarrasse, en définitive, de son corps naturel pour le meilleur ou pour le pire.

DOC **29**

Ovide
Métamorphoses

Le poète latin Ovide (43 av. J.-C.-vers 18 ap. J.-C.) rassemble dans les Métamorphoses *l'ensemble des mythes qui ont fondé les civilisations grecque et romaine. Il y raconte notamment le mythe d'Icare, fils de l'architecte athénien Dédale qui lui offrit des ailes afin de pouvoir quitter avec lui l'île sur laquelle ils sont retenus prisonniers. Œuvres de Dédale, ces ailes sont des prothèses qui viennent optimiser le corps d'Icare.*

[Améliorer son corps : la prothèse]

Cependant Dédale, que lasse un long exil[1], ne peut résister au désir si doux de revoir sa patrie. Mais la mer qui l'emprisonne est un obstacle à ses désirs : de la terre et de la mer Minos[2], dit-il, me ferme le passage, la route de l'air est libre, et c'est par là que j'irai. Que Minos étende son empire sur la terre et sur les flots, le ciel du

1. Que lasse un long exil : qui en a assez de son long exil.

2. Minos : dans la mythologie grecque, Minos, fils de Zeus, est le roi de la Crète, en Grèce.

moins n'est pas sous ses lois. Il dit, et d'un art[1] inconnu occupant sa pensée, il veut vaincre la nature par un prodige nouveau. Il prend des plumes qu'il assortit avec choix : il les dispose par degrés[2] suivant leur longueur ; il en forme des ailes. Telle jadis la flûte champêtre se forma, sous les doigts de Pan[3], en tubes inégaux. Avec le lin[4], Dédale attache les plumes du milieu ; avec la cire, celles qui sont aux extrémités. Il leur donne une courbure légère ; elles imitent ainsi les ailes de l'oiseau. Icare est auprès de lui ; ignorant qu'il prépare son malheur[5], tantôt en folâtrant[6] il court après le duvet qu'emporte le Zéphyr[7], tantôt il amollit[8] la cire sous ses doigts, et par ses jeux innocents, il retarde l'admirable travail de son père. Dès qu'il est achevé, Dédale balance son corps sur ses ailes[9] ; il s'essaie, et s'élève suspendu dans les airs.

En même temps, il enseigne à son fils cet art qu'il vient d'inventer : « Icare, lui dit-il, je t'exhorte[10] à prendre le milieu des airs. Si tu descends trop bas, la vapeur de l'onde[11] appesantira tes ailes ; si tu voles trop haut, le soleil fondra la cire qui les retient. Évite dans ta course ces deux dangers. Garde-toi de trop approcher de Bootès, et du char de l'Ourse, et de l'étoile d'Orion[12]. Imite-moi, et suis la route que je vais parcourir ». Il lui donne encore d'autres conseils. Il attache à ses épaules les ailes qu'il a faites pour lui ; et dans ce moment les joues du vieillard sont mouillées de larmes ; il sent trembler ses mains paternelles ; il embrasse son fils, hélas ! pour la dernière fois : et bientôt s'élevant dans les airs, inquiet et frémissant, il vole devant lui. Telle une tendre mère instruit

1. Art : technique.

2. Par degrés : en les échelonnant.

3. Pan : dans la mythologie grecque, Pan est une divinité protectrice de la nature qui était connue pour jouer de la flûte aux troupeaux.

4. Lin : fibre d'étoffe.

5. Ignorant qu'il prépare son malheur : n'écoutant pas les recommandations de son père, Icare va s'approcher trop près du soleil et la cire de ses ailes va ainsi fondre. Le jeune homme chutera mortellement.

6. En folâtrant : en jouant gaiement.

7. Le Zéphyr : dans la mythologie grecque, le Zéphyr est la personnification du vent de l'Ouest.

8. Amollit : ramollit.

9. Balance son corps sur ses ailes : ajuste les ailes à son corps.

10. Exhorte : incite, pousse.

11. L'onde : la mer.

12. Bootès, char de l'Ourse, étoile d'Orion : constellations d'étoiles.

l'oiseau novice[1] encore, le fait sortir de son nid, essaie et dirige son premier essor[2]. Dédale exhorte Icare à le suivre ; il lui montre l'usage de son art périlleux ; il agite ses ailes, se détourne, et regarde les ailes de son fils.

Le pêcheur qui surprend le poisson au fer de sa ligne tremblante, le berger appuyé sur sa houlette[3], et le laboureur sur sa charrue, en voyant des mortels voler au-dessus de leurs têtes, s'étonnent d'un tel prodige, et les prennent pour des dieux.

Métamorphoses, VIII ■

3 questions pour vous guider...

1. Expliquez la phrase : « il veut vaincre la nature par un prodige nouveau » (l. 7).
2. Relevez, dans le deuxième paragraphe, ce qui montre que, par sa prothèse, Icare n'appartient plus à l'espèce humaine.
3. Dans le dernier paragraphe, pourquoi le pêcheur, le berger et le laboureur ne considèrent-ils plus Icare et son père comme de simples mortels ?

DOC **30**

Robin Cannone

Jeux paralympiques : des prothèses de plus en plus perfectionnées

Pour Robin Cannone, journaliste au quotidien Le Figaro, *les prothèses orthopédiques permettent à des athlètes handicapés de participer pleinement aux Jeux paralympiques mais aussi de concurrencer des athlètes valides. Les progrès en prothèse permettent ainsi, plus que jamais, de restaurer les corps endommagés.*

---

1. Novice : sans expérience.
2. Essor : envol.
3. Houlette : bâton utilisé par les bergers pour labourer la terre.

[Contre le handicap : la prothèse]

Grâce aux prothèses orthopédiques sportives, les athlètes du handisport peuvent désormais atteindre des niveaux de performances proches de ceux de valides.

Deux semaines après la clôture des Jeux olympiques de Rio, c'est au tour des Jeux paralympiques[1] de démarrer ce mercredi au Brésil. Du 7 au 18 septembre, 4350 athlètes handicapés vont s'affronter dans 24 disciplines. Parmi eux, les athlètes amputés bénéficient aujourd'hui de dispositifs sophistiqués qui leur permettent d'atteindre des niveaux de performances proches de ceux d'athlètes valides.

L'exemple le plus célèbre est certainement celui d'Oscar Pistorius[2]. Amputé des deux jambes depuis l'enfance, le Sud-Africain a réussi à se qualifier en demi-finales du 400 mètres aux Jeux olympiques de Londres en 2012 aux côtés de concurrents non-handicapés.

Des prothèses plus souples

Grâce aux progrès scientifiques des dernières décennies, les prothèses orthopédiques sont aujourd'hui fabriquées avec du titane et de la fibre de carbone, des matériaux utilisés notamment dans l'aéronautique et l'aérospatiale. Elles disposent d'un appareillage plus léger et résistant que les prothèses classiques afin d'assurer une plus grande souplesse, et sont conçues sur mesure pour s'adapter à la morphologie[3] propre à chaque membre amputé.

Le « Flex-Foot » est sûrement la prothèse la plus connue et la plus utilisée par les amputés au niveau de la jambe. Ce pied artificiel qui rappelle une patte de guépard, parfois appelé lame, est fabriqué avec des fibres de carbone imprégnées dans de la résine époxyde[4], ce qui apporte un retour d'énergie[5] efficace à son

1. **Jeux paralympiques :** Jeux olympiques réservés aux athlètes handicapés souvent munis de prothèses.
2. **Oscar Pistorius :** athlète paralympique sud-africain (né en 1986).
3. **Morphologie :** forme anatomique.
4. **Époxyde :** substance chimique permettant d'assouplir des matériaux.
5. **Retour d'énergie :** renvoi d'énergie.

porteur. Inventé par l'Américain Van Phillips, qui perdit lui-même son pied dans un accident de ski nautique en 1976, puis racheté par la compagnie orthopédique Össur en 2000, il est depuis commercialisé sous le nom de « Cheetah » et existe aujourd'hui dans de nombreux modèles. Très en vogue en athlétisme, il rend des disciplines telles que la course à pied ou le saut en longueur accessible à tous. C'est grâce à cette prothèse que le coureur américain Jannyd Wallace, amputé de la jambe droite, a pu établir un temps de 10,71 secondes sur 100 mètres, soit 1,13 seconde de plus qu'Usain Bolt[1] seulement.

Le « Total Knee », une prothèse faisant office de genou, peut être utilisé en addition d'une lame de course. Il contient un système de dépressurisation hydraulique[2] et des calculateurs intégrés qui corrigent la posture et s'adaptent à la façon de marcher de leur utilisateur, en lieu et place des muscles manquants. L'athlète spécialisée dans le triathlon[3] Sarah Reinertsen, amputée de la jambe au-dessus du genou à l'âge de 7 ans, utilise cet accessoire pour la course à pied et le vélo.

Meilleures performances

Si les prothèses permettent à certains athlètes de pratiquer un sport en dépit de leur handicap, leur perfectionnement a aussi suscité sa part de polémique. Peu avant les Jeux olympiques de Pékin en 2008, la fédération internationale d'athlétisme (IAAF) avait jugé que le port de certaines prothèses favorisait les athlètes handicapés s'ils concourraient avec des valides. Le Tribunal arbitral du sport (TAS) était revenu sur cette décision peu après pour finalement la déjuger[4].

Pour Matthieu Balagué, responsable technique à Chabloz Orthopédie, une entreprise spécialisée dans la fabrication de

---

1. **Usain Bolt:** sprinter jamaïcain (né en 1986) le plus titré de l'histoire des Jeux olympiques. Voir DOC 24, p. 72.
2. **Dépressurisation hydraulique:** régulation de la pression par circulation d'eau.
3. **Triathlon:** voir note 3, p. 73.
4. **Déjuger:** casser le jugement. Finalement, les athlètes ont été autorisés à utiliser ces prothèses.

prothèses qui fournit de nombreux athlètes du handisport, c'est une question sur laquelle il est difficile d'être catégorique : « Même s'il y a eu quelques polémiques, on ne sait pas vraiment si celles-ci favorisent leurs porteurs quand ils concourent contre des valides. Quand vous prenez l'exemple d'Oscar Pistorius, vous voyez bien qu'au début de la course, il a du mal à se lancer, puis sa foulée devient de plus en plus rapide. Est-il pour autant plus avantagé ? On ne sait pas. »

En revanche, pour les systèmes à dépressurisation (Total Knee) auxquels on ajoute des pieds Össur, comme c'est le cas chez de nombreux athlètes amputés en dessous du genou, on sait que la longueur des lames influe sur la performance. « On voit bien avec la forme en C de la lame que plus elle est grande, plus elle se déforme sous le poids du porteur, ce qui augmente la restitution d'énergie et permet d'améliorer la performance. »

Créées pour rechercher l'efficacité plutôt que le confort, ces prothèses ne sont pas utilisées dans la vie quotidienne, mais seulement portées quelques heures pour la pratique sportive. Néanmoins, il faudra faire de sérieuses économies pour quiconque souhaiterait en acquérir un modèle, qui coûte en moyenne 10 000 €.

« Jeux paralympiques : des prothèses de plus en plus perfectionnées »
 ■

3 questions pour vous guider...

1. Pourquoi Oscar Pistorius est-il demeuré un handi-athlète marquant dans le milieu du sport (l. 11-15) ?
2. Qu'est-ce que le « Flex Foot » (l. 24) ? Quelles sont ses nouvelles propriétés pour les sportifs handicapés ?
3. Pourquoi certaines prothèses se retrouvent-elles au centre de polémiques (l. 47-72) ? Quels en sont les risques ?

DOC **31**

PHOTOGRAPHIE
Le bras bionique de Michel Fornasier

[Une augmentation corporelle : le bras bionique]

Depuis peu, de nouvelles prothèses intelligentes, dites bioniques, sont développées en laboratoire. Fruit des dernières avancées technologiques et inspirées de la science-fiction, ces prothèses d'un nouveau type permettent aux individus amputés de retrouver une pleine validité. L'exemple le plus frappant est le bras bionique en titane, doté d'un contrôle électronique permettant de redonner au corps son membre disparu CAHIER PHOTO • p. VI.

3 questions pour vous guider...

1. Décrivez les composantes de l'image.
2. Comment se présente le bras bionique ? À quoi fait-il référence ?
3. Quelles différences existent-ils entre les deux mains ?

DOC **32**

OLIVIER HERTEL
De l'homme réparé à l'homme augmenté

Le journaliste Olivier Hertel revient dans son article sur le désir de certains riches entrepreneurs de repousser les lois naturelles du corps humain afin de prolonger la vie jusqu'à devenir immortel. Se développe, selon lui, la notion de transhumanisme : une humanité faite de surhommes capables de dépasser les limites du corps mortel.

[Vers le transhumanisme]

Ils sont riches, intelligents, très influents et pour la plupart américains. Mais comme nous tous, ils sont mortels. Une fatalité insupportable qui depuis quelques années pousse des Larry

Page (cofondateur de Google), Peter Diamandis (physicien et multi-entrepreneur), Mark Zuckerberg (fondateur de Facebook) ou Craig Venter (biologiste et multi-entrepreneur) à dépenser des sommes importantes et beaucoup d'énergie dans des projets d'extension de la vie.

Tous sont convaincus qu'au XXIe siècle, les sciences et les technologies vont révolutionner la médecine. Dans son livre *The Singularity Is Near* paru en 2005, le futurologue[1] américain Ray Kurzweil, gourou[2] du transhumanisme et prophète de l'immortalité, annonçait les grandes ruptures pour les années 2020. Faisant déjà référence aux cellules souches[3], il y prédisait ainsi les transformations profondes que connaîtront les humains grâce aux avancées de la génétique et des biotechnologies[4] : « Les personnes seront capables de reprogrammer leur propre biochimie[5], loin des maladies et du vieillissement, étendant de manière radicale l'espérance de vie. » Délire de futurologue adepte de science-fiction ?

De fait, la réalité commence à donner raison à Kurzweil. En 2012, le chercheur japonais Shinya Yamanaka recevait le prix Nobel de médecine pour ses travaux révolutionnaires sur les iPS[6], des « cellules souches pluripotentes induites[7] », obtenues par modification génétique de cellules de peau et à partir desquelles il est possible de produire tout type cellulaire. Une rupture pour la médecine régénératrice car ces cellules, faciles à produire, peuvent être utilisées pour la reconstruction de tissus et d'organes.

Imprimer en 3D des organes « de rechange »

Aujourd'hui, Ray Kurzweil ne se contente plus de prédire l'avenir dans des livres ou lors de conférences. Il peut passer de la théorie à la pratique. En 2012, il a été recruté par Google pour diriger son laboratoire sur l'apprentissage des machines et le

1. Futurologue : personne chargée d'anticiper les évolutions technologiques qui bouleverseront le monde.
2. Gourou : maître spirituel.
3. Cellules souches : cellules qui rendent possibles le clonage d'un individu.
4. Biotechnologies : technologies destinées à améliorer la santé de l'espèce humaine.
5. Biochimie : organisme.
6. iPS : technologie qui s'occupe du traitement des cellules souches.
7. Pluripotentes induites : cellules souches générées artificiellement en laboratoire.

traitement du langage. De surcroît, il est impliqué dans Calico, société créée par le géant de Mountain View avec l'objectif très général « de s'attaquer au vieillissement et aux maladies ». Google avec ses milliards de dollars et Kurzweil, en petit génie de la vie éternelle, parviendront-ils à nous guérir de la mort ?

Dans cette révolution de la biologie qu'ils pronostiquent et préparent, ils peuvent déjà compter sur l'essor fulgurant de l'impression 3D. Ce qui au départ, n'était qu'une technique permettant de fabriquer des objets en plastique, est devenu un moyen prometteur pour construire tissus et organes à la demande, à partir de cellules vivantes, notamment des cellules souches. Les enjeux de cette « bio-impression 3D » sont considérables puisqu'il est question de pouvoir réparer le corps en imprimant les « pièces » défectueuses. [...]

Vers la création de « surhommes »

De l'homme « réparé », porteur d'espoir, un glissement semble déjà s'opérer vers une autre humanité, celle de l'homme « augmenté », que prônent avec vigueur Ray Kurzweil et le mouvement transhumaniste, très actif aux États-Unis. En 2002, la National Science Foundation (NSF) publiait un rapport prescripteur[1] qui avait frappé les esprits : « Les Technologies convergentes pour l'augmentation des performances humaines ». Au programme, nanosciences[2], biologie, sciences cognitives[3] et technologies de l'information se voyaient réunies pour la fabrication d'un... surhomme.

Un concept exploité par plusieurs programmes américains, par exemple Talos, une tenue de combat ultralégère à base de nanomatériaux[4] qui résiste aux balles. Ses capteurs physiologiques surveillent l'état du soldat dont la force est augmentée au moyen d'un exosquelette[5]. Cette armure façon Iron Man[6] devrait être opérationnelle en 2018.

---

1. **Prescripteur :** qui incite.
2. **Nanosciences :** ensemble des études de fabrication de structures à très petite échelle.
3. **Sciences cognitives :** ensemble des études du mécanisme de la pensée humaine et artificielle.
4. **Nanomatériaux :** matériaux possédant des qualités spécifiques en raison de leur très petite taille.
5. **Exosquelette :** squelette artificiel greffé ou endossé par un homme pour décupler ses capacités physiques ou se protéger.
6. **Iron Man :** voir CINÉ & CIE, p. 54.

Mais Talos n'est qu'un vêtement d'un nouveau genre. De nombreux travaux visent à augmenter les aptitudes humaines, en particulier cognitives[1], grâce à la mise au point d'implants. À l'université de Californie du Sud, l'ingénieur et neurobiologiste Theodore Berger développe, depuis plus de 20 ans, des puces électroniques implantables dans le cerveau et censées restaurer la mémoire à long terme. Testées chez le rat et le singe, elles sont actuellement à l'essai pour des hommes ayant subi des lésions cérébrales altérant les facultés mnésiques[2].

Mais l'enjeu de ces travaux ne se limite pas à ça. Ils visent avant tout à comprendre et à reproduire le fonctionnement du cerveau : « Quand nous en serons capables, nous pourrons en faire des copies fonctionnelles avec d'autres matériaux », expliquait Marvin Minski, en préambule du congrès Global Future 2045, l'an dernier à New York. Ce chercheur du MIT[3], spécialiste de l'intelligence artificielle, est l'un des grands théoriciens du téléchargement de l'esprit.

Ce rêve ultime du transhumanisme prévoit de transférer notre esprit depuis le cerveau vers une machine. Une vie éternelle enfin débarrassée de ce véhicule encombrant et vieillissant, le corps.

« De l'homme réparé à l'homme augmenté », 14 décembre 2014,
© *Sciences et avenir* ■

3 questions pour vous guider...

1. Examinez en quoi, dans le premier paragraphe, les cellules souches sont porteuses d'espoir pour les biotechnologies.
2. En quoi l'imprimante 3D peut-elle jouer un rôle biologique (l. 38-46) ? Donnez deux exemples tirés du texte.
3. Quel est le rêve ultime du transhumanisme (l. 81-83) ? Quelle place y occupera le corps ?

1. **Cognitives :** liées à la pensée et à la connaissance humaines.
2. **Mnésiques :** liées à la mémoire et au souvenir.
3. **MIT :** Institut de technologie du Massachusetts, aux États-Unis, réputé pour son excellence scientifique.

SUJET 1 Pourquoi vouloir transformer son corps ?

Depuis presque vingt ans, la chirurgie esthétique a réussi à s'imposer comme un phénomène de masse. Autrefois réservée à quelques stars, elle s'est démocratisée, notamment en devenant plus abordable. Mais comment comprendre cet engouement pour la chirurgie plastique : simple phénomène de mode ou signe d'un malaise psychologique profond ?

Les sites à explorer

- **« Du bistouri au mascara, transformer son apparence », émission de France Culture**

  https://www.franceculture.fr/emissions/culturesmonde/du-bistouri-au-mascara-transformer-son-apparence-24-chirurgie-esthetique

  Dans cette émission de Florian Delorme diffusée en 2014, le journaliste a convié sociologues et philosophes à réfléchir à l'engouement planétaire pour la chirurgie esthétique. Le phénomène cache pourtant des différences culturelles d'un pays à l'autre, car tout le monde ne souhaite pas les mêmes transformations. Quels sont les critères de beauté choisis d'une nation à l'autre ?

- **Conférence « Est-on libre de disposer de son corps ? », diffusée sur France Culture**

  https://www.franceculture.fr/conferences/est-libre-de-disposer-de-son-corps

  Dans le cadre d'un cycle de conférences organisé avec le journal *La Tribune*, France Culture a diffusé en 2016 un débat entre médecins et philosophes venus réfléchir au thème de la maîtrise du corps. Dans une société qui incite à faire de plus en plus attention à son physique, certains finissent par accorder une importance cruciale aux apparences. Mais à quels impératifs obéissent-ils ? Disposent-ils librement de leur corps ou sont-ils victimes d'un effet de mode ?

VERS L'EXPOSÉ

1. La chirurgie esthétique, une question d'image de soi ?

Écoutez les deux émissions en comparant les raisons mises en avant par les spécialistes pour expliquer l'engouement pour la chirurgie plastique. Pourquoi insistent-ils tous sur le rapport que chacun entretient avec son miroir ?

2. La chirurgie esthétique, un phénomène de mode ?

Écoutez les deux émissions et mettez en évidence les raisons sociales et culturelles qui poussent de nombreuses personnes à modifier ou corriger leur corps. S'agit-il d'un phénomène de mode ou bien la réponse à un mal-être profond ?

SUJET 2 Qu'est-ce que l'homme augmenté ?

De nos jours, un patient qui a subit l'amputation d'un membre n'est plus condamné à devoir vivre amoindri. Grâce à la science, il peut avoir recours à une prothèse qui remplace le membre perdu, voire qui dépasse ses capacités. On parle alors « d'homme augmenté ». Cet être, mi-homme mi-machine, préfigure-t-il l'homme du futur ? C'est à cette question que répond cette enquête web.

Les sites à explorer

- **Générique de la série *Inspecteur Gadget***
  https://www.youtube.com/watch?v=yFoKXGN94wY

  Dans cette série d'animation de 1983, le personnage de l'inspecteur Gadget, suite à un accident, est devenu un cyber-policier dont le corps recèle de nombreux gadgets. Aidé de sa brillante nièce Sophie et de son chien Finot, il combat au quotidien le terrible docteur Gang à la tête de l'organisation criminelle MAD qui sème la terreur dans Métroville.

- **De l'homme réparé à l'homme augmenté : à quoi ressemblera l'humain 2.0 ?**

  http://www.bpifrance.fr/A-la-une/Actualites/De-l-Homme-repare-a-l-Homme-augmente-a-quoi-ressemblera-l-humain-2.0-26997

  Dans ce débat organisé par BPI, un fonds d'investissement dans les biotechnologies, plusieurs scientifiques interviennent pour échanger sur l'expression « homme augmenté ». À qui correspond-elle ? À quoi ressemblera l'homme du futur ? Pourra-t-il réparer son corps à l'infini et développer ses capacités grâce aux technologies de pointe ?

VERS L'EXPOSÉ

1. L'homme du futur ?

À partir du générique d'*Inspecteur Gadget* et du débat de BPI, montrez qu'un corps humain diminué peut compter sur les dernières avancées technologiques pour être réparé.

2. Un corps encore humain ?

Visionnez le générique d'*Inspecteur Gadget* et le débat de BPI, puis mettez en évidence les images et les remarques qui tendent à montrer que le corps augmenté ressemble davantage à une machine qu'à un homme.

CHAPITRE 3

Vers un **nouveau rapport** au corps et à la vie

et pour entrer
dans le vif du sujet...

CINÉ & Cie p. 98

CINÉ & Cie

Un film pour entrer dans le vif du sujet

Peau synthétique, nouveau visage, changement de sexe. Jusqu'où peut-on aller dans la transformation d'un corps sans affecter l'identité de celui ou de celle qui le porte ? Le chirurgien esthétique Robert Ledgard, héros du film de Pedro Almodóvar *La Piel que habito*[1], ne se laisse pas troubler par une telle question. Poussé par son désir de vengeance, il est déterminé à faire revivre Vera, son épouse tragiquement disparue, à travers Vicente.

La Piel que habito
de Pedro Almodóvar, 2011, Espagne

Le résumé du film

En 2012, à Tolède en Espagne, Robert Ledgard, un chirurgien esthétique réputé, tente de mettre au point une technique révolutionnaire : une peau synthétique, résistante à toutes les agressions et capable de s'auto-régénérer. Une telle peau aurait pu permettre, s'il en avait eu l'idée plus tôt, de sauver son épouse grièvement brûlée dans un accident de voiture. Pour parfaire son invention révolutionnaire, Robert la teste sur une patiente dévouée, Vera, véritable femme cobaye.

Mais cette femme, prisonnière du chirurgien, se révèle être un certain Vicente qui a agressé la fille de Robert lors d'un mariage, laquelle s'est plus tard suicidée. En effet, Robert a kidnappé le jeune homme pour se venger de lui et a décidé de l'enfermer dans son manoir pour faire sur lui différentes expériences. Il lui donne ainsi l'apparence de sa défunte femme en le faisant changer de sexe à travers de multiples opérations chirurgicales. Le corps de Vicente est méconnaissable. Mais Vera va chercher à son tour à échapper à Robert et à ses expériences.

1. En français « La Peau que j'habite ».

Le lien avec le thème

Dans ce film, qui montre les pouvoirs de la chirurgie esthétique capable de transformer radicalement les corps, Almodóvar revient sur la question de l'identité, toujours au cœur de sa filmographie.

Vicente, devenu Vera, a du mal à se reconnaître dans le miroir et s'interroge sur son identité. Qui est-il désormais ? Cette peau synthétique, dont Robert la recouverte, protège-t-elle vraiment contre le vieillissement et la mort ?

À la question de l'identité s'ajoute celle du rapport de l'homme au temps et à la mort. Les manipulations chirurgicales de Robert ont pour but de retrouver le corps de sa femme défunte. Mais à quel prix ? Si la fragilité du corps naturel est soulignée par la multiplication des morts violentes qui frappent plusieurs personnages du film, Almodóvar prend cependant soin d'insister sur la formidable résistance du corps humain : Robert a beau vouloir recréer totalement un être artificiel, Vera demeure avant tout une créature humaine qui finira par se venger de son créateur.

▸ Observez l'affiche du film *La Piel que habito*

CAHIER PHOTOS, p. VII

1. Décrivez les différentes composantes de l'image.
2. Montrez en quoi Vera apparaît ici comme un cobaye à qui l'on veut créer un corps parfait.
3. Étudiez le regard des personnages : qu'expriment-ils ? En quoi sont-ils différents ?

Visionnez le film et commentez-le !

1. Relevez toutes les scènes où Vera se regarde dans le miroir : pourquoi est-elle toujours effrayée par sa propre image ?
2. Observez les éclairages des scènes de chirurgie : quel effet le réalisateur a-t-il voulu produire sur le spectateur ?
3. Relevez toutes les scènes où les personnages se déshabillent. Pourquoi Almodóvar insiste-t-il sur les corps nus ?

« Qui expérimente ? Le corps. Qui invente ? Lui. Et qui flotte, court et vole ? Le corps, oui, le corps encore. »

MICHEL SERRES, *Variations sur le corps* (1999)

Si le corps naturel, dont l'endurance devant les épreuves de la vie n'est plus à démontrer, dispose d'autant de possibilités que le dit Michel Serres, pourquoi s'obstiner à réaliser des opérations de chirurgie esthétique aussi folles que celles pratiquées par le docteur Robert Ledgard sur son cobaye CINÉ & CIE • p. 98 ? Pourquoi se greffer un membre bionique ou même rêver de devenir un cyborg ?

Toutes les interventions qui transforment le corps naturel en corps artificiel amènent à **repenser le rapport de l'homme à sa vie et à son propre corps**.

Devant son **corps en mutation**, l'homme n'entretient plus le même rapport avec lui-même et se pose la **question de son identité**. Qui est-il ? L'homme augmenté est-il encore humain ? Le corps artificiel échappe-t-il définitivement aux lois de la nature ? Quels sont désormais les **critères pour construire son identité** ?

Mais ce n'est pas seulement son identité qui est ébranlée. Son **rapport au temps et à la mort** l'est aussi. En s'appuyant sur les avancées technologiques, l'homme **pense pouvoir acquérir une jeunesse éternelle, échapper au naufrage de la vieillesse et vaincre la mort**.

Les pouvoirs considérables que lui donne son corps artificiel poussent également le nouveau surhomme à **repenser ses relations avec la machine**. L'espèce humaine est-elle menacée par les machines ? N'existera-t-il plus à terme que des corps artificiels qui auront effacé les lois de la nature humaine ?

Mais pourquoi ne pas changer de perspective et **considérer le corps humain comme une machine pleine de ressources** encore inexplorées et **source d'un avenir meilleur** ?

A Une identité différente

Lorsque l'homme modifie son apparence physique, que ce soit par souci esthétique ou pour des raisons médicales, il arrive très souvent qu'il ne se reconnaisse plus. Son **corps modifié ne ressemble plus à celui initialement donné par la nature**. Il voit ses **repères bouleversés** et **s'interroge sur son identité** qui est parfois fortement remise en cause.

Pourtant la tentation est grande de faire subir à son corps des métamorphoses pour se plier au « diktat des apparences », selon l'expression de Philippe Testard-Vaillant DOC 33 • p. 102. Les **canons de la beauté**, ces normes d'une époque donnée qui déterminent la beauté parfaite, façonnent l'identité des individus. Il ne s'agit plus d'accepter son corps tel qu'il est, mais de se construire, au prix de lourds et coûteux efforts, un **corps parfait**, conforme aux **normes du modèle social et physique** imposé. Inversement, lorsque l'on s'éloigne de ce modèle parce que son corps ne répond pas aux critères définis, on s'expose au **rejet des autres** et à la **dévalorisation de soi**. C'est ce que souligne Mona Chollet DOC 34 • p. 106 pour qui l'**anorexie**, qui touche de nombreuses personnes de sexe féminin, est particulièrement alarmante : dans ce cas extrême, le culte du corps dégrade l'identité de la personne, qui par sa maigreur, efface toute forme de féminité. Ainsi, plus largement, peut-on affirmer avec David Le Breton DOC 35 • p. 109 que l'image extérieure que l'on renvoie de soi-même prime sur toute autre considération. Pour le sociologue, **le corps devient une carte d'identité, une marque de reconnaissance sociale** : ce n'est plus la personnalité qui importe aux yeux des autres, c'est sur son aspect physique que l'on est désormais jugé.

Mais, à force de changements et de manipulations, cette identité physique peut être fortement affectée. Si l'homme ne se détermine plus que par son physique, encore faut-il que ce corps refait soit présentable aux yeux des autres. Or, les interventions peuvent avoir de graves conséquences. Il n'est pas rare de voir des personnes défigurées, déformées par la chirurgie esthétique.

Un cas extrême, même s'il relève de la fiction, est incarné au XIXe siècle par la créature monstrueuse du docteur Frankenstein DOC 36 • p. 111.

Les troubles d'identité liés à ces métamorphoses du corps ont la plupart du temps des conséquences psychologiques et morales, et plus les modifications sont lourdes, plus le risque est grand de ne pas se reconnaître. Bernard Andrieu DOC 37 • p. 114 prend l'exemple de l'homme augmenté à l'aide de prothèses qui, selon lui, devient un **homme hybride**, doté d'un corps partiellement naturel et partiellement artificiel. Est-il encore un homme ou est-il devenu une machine ? Son identité se brouille comme le montre, de manière troublante, le travail artistique de Stelarc DOC 38 • p. 116 qui met en scène, jusqu'à l'absurde, cette **perte de repères** : faut-il se greffer une troisième oreille, se demande l'artiste en pleine création, et, si c'est le cas, à quel endroit ? sur la joue ou sur le bras ?

Le flou qui vient gommer les frontières entre corps naturel et corps amplifié est illustré de manière provocatrice par une autre artiste plasticienne, Orlan DOC 39 • p. 119. Elle s'attache à montrer dans son œuvre que **le processus de mutation physique s'accompagne inévitablement d'une mutation psychologique** : entre le début et la fin d'une opération de chirurgie esthétique, le sujet se métamorphose. Mais comment et jusqu'à quel point ?

DOC 33

PHILIPPE TESTARD-VAILLANT

Le Diktat des apparences

Dans cet article le journaliste Philippe Testard-Vaillant revient sur l'évolution historique des représentations du corps, de l'Antiquité à nos jours, afin de mieux montrer que l'image de notre corps forge notre identité et que notre société contemporaine est obsédée par l'image d'un corps parfait.

[Le désir d'un corps parfait]

Avec l'arrivée de l'été, nos corps ont recommencé à se dévoiler et à être au centre de nos préoccupations. Notre société exige d'eux qu'ils soient «parfaits». Ce phénomène est-il récent ? Quelles sont les dérives de ce culte du corps ?

Inutile d'être grand clerc[1] pour s'en aviser[2] : l'époque, sous nos latitudes[3], glorifie l'apparence physique. Dire que, pendant des siècles, le corps a été plus ou moins caché, brimé[4] et ravalé au rang d'enveloppe tout juste bonne à redevenir poussière ! «Autant l'Antiquité grecque a exalté[5] le corps sportif, sain et très svelte, autant le Moyen Âge occidental, marqué par l'horizon chrétien promettant une vie meilleure après la mort, a privilégié le salut de l'âme et considéré le corps comme le réceptacle[6] précaire et souffrant de toutes les tares[7] accablant l'humanité (famines, guerres, épidémies...), comme un "objet théologique" (une création de Dieu) qu'il était interdit de toucher, de disséquer... », explique Gilles Boëtsch, directeur du laboratoire Environnement, santé, sociétés. «Le corps médiéval[8] était perçu comme une fatalité, renchérit Bernard Andrieu, du laboratoire Anthropologie bioculturelle, droit, éthique et santé. Il fallait le supporter, comme un esclave doit supporter son maître. »

La Renaissance du corps

À la Renaissance, tandis que la démographie repart au galop[9], changement de décor et des corps dont les représentations s'épanouissent dans l'art. «La Renaissance marque une redécouverte du corps, dit Georges Vigarello, du Centre Edgar Morin. Ronsard[10],

1. **Grand clerc :** grand savant.
2. **S'en aviser :** s'en rendre compte.
3. **Sous nos latitudes :** dans le monde occidental.
4. **Brimé :** réprimé, tourmenté.
5. **Exalté :** fait l'éloge.
6. **Réceptacle :** réservoir.
7. **Tares :** défauts.
8. **Le corps médiéval :** la représentation du corps au Moyen Âge.
9. **La démographie repart au galop :** la population augmente.
10. **Pierre de Ronsard :** poète français (1524-1585), connu pour ses poésies amoureuses.

par exemple, parle de la “divine corpulence[1]”, de l’“odoreuse haleine” des femmes. » Au XVIIe siècle, quand Fénelon[2] blâme la recherche de coquetterie dans son traité sur l’éducation des filles et que Philaminte, dans *Les Femmes savantes*, s’exclame « Le corps, cette guenille[3], est-il d’une importance / D’un prix à mériter seulement qu’on y pense ? », « madame de Sévigné[4] n’a de cesse d’insister auprès de sa fille sur les précautions à prendre pour être en bonne santé, garder un teint rose, présenter une apparence agréable…, poursuit Georges Vigarello. L’idéologie des Lumières, elle, valorise le sensible (qui peut aller jusqu’au sentiment), la grâce, le mouvement… » Rousseau[5] plaide pour que l’on n’emmaillote plus les tout-petits, certains médecins enjoignent les femmes de pratiquer la marche de plein air… Le XIXe siècle, maladivement pudibond[6] (la tenue féminine – corset[7] + jupon + jupe longue – doit tout cacher, la masturbation est accusée des pires maux…), n’en voit pas moins le nombre de baignoires publiques passer de 500 à 5 000 à Paris entre 1800 à 1850, même si le bain est jugé immoral. Bref, le souci de soi n’est pas né avec la seconde moitié du XXe siècle et la révolution sexuelle des années 1960. Et « l’histoire de l’Occident est ponctuée de découvertes successives du corps, de ses sensations et de ses apparences », dit Georges Vigarello. Pour autant, comment expliquer que le corps, subi, redouté et refoulé par puritanisme[8] il n’y a pas si longtemps, ait changé de fond en comble de statut en quelques décennies au point de devenir un objet de culte, un capital à préserver coûte que coûte, un repère identitaire central ? Semblable (r)évolution ne s’est pas faite en un instant. D’abord, depuis le milieu du XIXe siècle, grâce aux progrès de la médecine et de la technique, le corps n’a cessé de livrer ses secrets. « Il est

1. Corpulence : grosseur.
2. François Fénelon : écrivain français (1651-1715).
3. Guenille : loque.
4. Madame de Sévigné : écrivain français (1626-1696).
5. Jean-Jacques Rousseau : écrivain francophone (1712-1778), philosophe des Lumières.
6. Pudibond : très réservé, très prude.
7. Corset : sous-vêtement féminin lacé qui serre la poitrine, la taille et le ventre.
8. Puritanisme : pudeur excessive.

de mieux en mieux connu, entretenu, soigné, réparé et appareillé, analyse Isabelle Queval, du Centre Edgar Morin. Le recul de la maladie et l'allongement continu de l'espérance de vie dans les pays riches font que l'on vit mieux avec son corps. "Mieux vivre son corps" devient "être son corps". Autrement dit, on peut agir sur lui, le contrôler, le planifier, le perfectionner, le renouveler... »

Si le corps se taille de nos jours la part du lion[1] dans la culture occidentale, c'est aussi parce que la démocratie, en s'enracinant dans nos sociétés, « a amené les sujets à exister de plus en plus sur le mode de la décision individuelle, insiste Georges Vigarello. En disposant d'une part croissante d'autonomie, chacun peut s'interroger plus finement sur ce qu'il est et ce qu'il a envie de faire. De façon générale, plus une société va dans le sens d'une conquête individuelle, plus elle donne de place au plaisir, au désir et donc à tout ce qui touche à la sphère corporelle ». De la disparition du corset à l'essor des salles de remise en forme et de la chirurgie esthétique, de la découverte du « soleil plaisir[2] » dans les années 1920 à la mise en culture du corps via la fécondation in vitro[3], de la banalisation des moyens contraceptifs grâce auxquels la féminité n'est plus systématiquement liée à la maternité au succès des produits cosmétiques pour les deux sexes, en passant par les nouveaux rituels hédonistes[4] (massages, spas, thalassothérapies...), le boom de l'alimentation « bio » et celui de la DHEA[5] promesse de jouvence[6] éternelle..., tout concourt, depuis plus d'un siècle, à faire de l'apparence corporelle « le vaisseau amiral[7] de l'identité », assure Isabelle Queval.

« Le Diktat des apparences », par Philippe Testard-Vaillant,
 ■

1. La part du lion : la place la plus importante.
2. Soleil plaisir : dans les années 1920, la société française découvre les joies des bains de mer et du bronzage.
3. Fécondation in vitro : technique de procréation médicalement assistée.
4. Hédonistes : qui considèrent le plaisir comme but premier.
5. DHEA : pilule antivieillissement.
6. Jouvence : jeunesse.
7. Vaisseau amiral : élément central.

3 questions pour vous guider...

1. Quelle image est employée pour qualifier la relation que l'homme entretenait avec son corps au Moyen Âge (l. 10-20) ? En quoi est-elle révélatrice ?
2. Quel tournant historique dans la représentation du corps marque la Renaissance pour Georges Vigarello (l. 21-27) ? Justifiez votre réponse en donnant deux exemples tirés du texte.
3. Pourquoi Isabelle Queval parle-t-elle de l'apparence corporelle comme du « vaisseau amiral de l'identité » (l. 78-79) ?

DOC **34**

Mona Chollet
Beauté fatale

La journaliste Mona Chollet développe dans son essai Beauté fatale *une réflexion sur la création par les médias de canons de beauté artificiels : le corps de toutes les femmes devrait être svelte. La conséquence en est parfois terrible. Pour atteindre cet idéal, certaines jeunes femmes se rendent malades et finissent par haïr leur propre corps.*

[Le rejet de son propre corps]

Le dualisme[1] occidental a fait du corps un objet de répulsion, étranger au vrai soi, une prison, un ennemi dont il faut se méfier, le siège de pulsions et de besoins susceptibles de mettre en échec la volonté de son « propriétaire ». Il s'agit donc de le transcender[2], de faire taire ses instincts, d'avoir le dessus sur lui – de « montrer qui est le patron », dit Bordo[3]. Et, en effet, Portia de Rossi[4], au cours

1. **Dualisme :** théorie qui sépare le corps de l'esprit.
2. **Transcender :** dépasser.
3. **Susan Bordo :** universitaire américaine (née en 1947) spécialisée dans l'étude des représentations culturelles du corps.
4. **Portia de Rossi :** actrice australienne (née en 1973).

d'une phase où elle n'arrive pas à descendre en dessous des 59 kilos, déplore que son corps « ait toujours le dernier mot » ; elle pense qu'il « la hait », formule révélatrice de cette dissociation que l'anorexie[1] pousse à son comble. Lorsqu'elle parvient tout de même à atteindre un poids inférieur, elle se réjouit à l'idée de donner à sa mère, lorsqu'elle rentrera en Australie, l'image d'une fille « déterminée, en contrôle de sa vie », et de lui montrer qu'elle a « vaincu le démon ». La déclaration fameuse de Kate Moss, « Rien n'est aussi bon que la minceur (« Nothing tastes as good as skinny feels »), désormais brodée sur des tee-shirts que l'on peut acheter en ligne, laisse deviner la même ivresse du contrôle. Le top model anglais exprimait par là un idéal plus spirituel qu'esthétique : ce que l'on convoite lorsqu'on veut « ressembler à Kate Moss », ce n'est pas tant son aspect physique que la force de caractère supérieure qu'on y voit inscrite. De même, Karl Lagerfeld[2] résumait le débat sur les mensurations dans la mode à « de grosses bonnes femmes assises avec leur paquet de chips devant la télévision qui disent que les mannequins minces sont hideux ». Portia de Rossi s'aperçoit qu'elle associe la minceur à des valeurs morales : rendant visite à sa nutritionniste, qui est évidemment d'une sveltesse[3] exemplaire, elle est surprise de trouver un intérieur en désordre. Et elle se souvient de ce qu'elle avait répondu, en cours d'histoire de l'art, au professeur qui lui demandait d'expliquer pourquoi elle n'aimait pas Kandinsky[4] : « Il peint comme quelqu'un de gros. » Elle préférait Mondrian[5]...

Elle est soulagée de voir disparaître les rappels d'une animalité qui lui fait horreur : plus de règles, plus de sueur, plus d'odeurs corporelles. En somme, elle ne fait que poursuivre, au péril de sa vie, un fantasme absurde, mais aussi vieux que notre civilisation : celui d'exister sans corps. Ce prestige de l'ascèse[6] est si

---

1. Anorexie : trouble alimentaire qui, par dégoût de la nourriture, conduit à de dangereux amaigrissements.
2. Karl Lagerfeld : couturier allemand (né en 1933).
3. Sveltesse : minceur.
4. Vassily Kandinsky : peintre russe (1866-1944) connu pour ses toiles abstraites.
5. Piet Mondrian : peintre néerlandais (1872-1944) connu pour ses toiles géométriques.
6. Ascèse : austérité.

profondément ancré que, même si l'on s'efforce de repérer ses manifestations, il peut nous arriver de succomber à son attrait sans même nous en apercevoir. Pour ma part, je ne l'aurais jamais décelé chez un écrivain que je vénère, le Suisse Nicolas Bouvier (1929-1998), auteur de *L'Usage du monde* et d'autres inoubliables récits de voyage, si un article de revue n'avait pas attiré mon attention sur cette dimension de son œuvre. Mathilde Jégou l'y montre aux prises avec les effets de son éducation, dont il était très conscient et qu'il combattait de son mieux. Il disait avoir trouvé dans son berceau « une pudibonderie[1] pas tant calvinienne que victorienne[2] », car il était issu d'une vieille famille genevoise[3] très anglophile. Toute sa vitalité, sa sensualité et son intelligence n'auront pas suffi à venir à bout de cette répudiation[4] du corps – sans doute parce que c'était impossible.

Beauté fatale, 2012, © Éditions Zones ■

3 questions pour vous guider...

1. Pourquoi l'actrice Portia de Rossi affirme-t-elle que son corps a « toujours le dernier mot » (l. 8) ?
2. Relevez la remarque formulée par Karl Lagerfeld à propos de l'anorexie des mannequins. En quoi vous paraît-elle révélatrice du dégoût du corps ?
3. De quel « fantasme absurde » (l. 34) de notre civilisation à propos du corps traite le dernier paragraphe ?

---

1. Pudibonderie : pudeur excessive.
2. Calvinienne, victorienne : relatif au protestantisme de Jean Calvin (1509-1564) et au règne de la reine Victoria d'Angleterre (1819-1901), tous les deux connus pour leur rigorisme moral.
3. Genevoise : de la ville suisse de Genève.
4. Répudiation : rejet, reniement.

DOC 35

David Le Breton

L'Adieu au corps

Sociologue, David Le Breton (né en 1953) réfléchit dans son essai L'Adieu au corps *aux limites morales qu'impliquent les modifications constantes que la société contemporaine inflige au corps. Selon lui, faire de l'apparence physique la pièce centrale de son identité conduit à gérer son corps comme s'il s'agissait d'une entreprise à part entière. Il faut toujours être à son avantage en toutes circonstances.*

[Le corps, pièce maîtresse de l'identité]

L'homme contemporain est invité à construire son corps, conserver sa forme, façonner son apparence, occulter[1] le vieillissement ou la fragilité, entretenir son « potentiel santé ». Le corps est aujourd'hui un motif de présentation de soi. Pour Richard Sennett la culture du corps est une forme moderne de l'éthique[2] protestante. J.-J. Courtine y voit « l'une des formes essentielles de compromis passé par l'éthique puritaine avec les nécessités de la consommation de masse. On y découvre ainsi non pas une disparition des interdits mais bien plutôt une nouvelle distribution des contraintes ». L'extrême contemporain[3] érige le corps en réalité en soi, en simulacre de l'homme à travers lequel on évalue la qualité de sa présence et où lui-même affiche l'image qu'il entend donner aux autres. « C'est par votre corps qu'on vous juge et qu'on vous classe », dit en substance[4] le discours de nos sociétés contemporaines. Nos sociétés sacrent[5] le corps en emblème[6] de soi. Autant le construire sur mesure pour ne pas déroger[7] au sentiment de la meilleure apparence. Son propriétaire, l'œil rivé[8] sur soi, veille à en

1. **Occulter :** cacher, dissimuler.
2. **Éthique :** morale.
3. **L'extrême contemporain :** le présent le plus proche de nous.
4. **En substance :** pour résumer.
5. **Sacrent :** couronnent.
6. **Emblème :** symbole.
7. **Déroger :** enfreindre.
8. **Rivé :** fixé.

faire son représentant le plus avantageux. Les conditions sociales et culturelles des individus nuancent certes ce propos, mais telle est du moins l'ambiance de nos sociétés à l'égard du corps. Si dans toutes les sociétés humaines le corps est une structure symbolique, il devient ici une écriture hautement revendiquée, sous-tendue par un impératif de se transformer, de se modeler, de se mettre au monde. La mise en signe que poursuivent toutes les sociétés selon leurs usages culturels devient ici une mise en scène délibérée de soi avec d'innombrables variations individuelles et sociales, faisant du corps une matière à ouvrager selon les orientations d'un moment.

Dans une société d'individus, la collectivité d'appartenance ne fournit plus que de manière allusive les modèles ou les valeurs de l'action. Le sujet lui-même est le maître d'œuvre qui décide de l'orientation de son existence. Le monde, dès lors, est moins l'héritage incontestable de la parole des aînés ou des usages traditionnels qu'un ensemble disponible à sa souveraineté[1] personnelle moyennant le respect de certaines règles. L'extrême contemporain définit un monde où la signification de l'existence est une décision propre de l'individu et non plus une évidence culturelle. La relation au corps relève moins de l'évidence de l'identité à soi qu'à celle désormais d'un objet à mettre en avant dans la représentation de soi. Il importe de gérer son propre corps à l'image des autres patrimoines dont le corps se différencie de moins en moins. Le corps est devenu une entreprise à diriger au mieux des intérêts du sujet ou de son sentiment de l'esthétique. Le sceau[2] de la maîtrise est le paradigme[3] de la relation au corps propre dans le contexte contemporain. Tout corps contient la virtualité d'innombrables autres corps que l'individu est susceptible de mettre à jour en devenant le bricoleur de son apparence et de ses affects[4]. Le désinvestissement des systèmes sociaux du sens amène à une centration accrue sur soi. Le repli sur le corps, l'apparence, les affects, est un moyen de réduire l'incertitude en cherchant des

1. **Souveraineté :** domination, suprématie.
2. **Sceau :** marque.
3. **Paradigme :** modèle.
4. **Affects :** sentiments.

limites symboliques au plus proche de soi. Il ne reste plus que le corps auquel l'individu puisse croire et se rattacher.

L'Adieu au corps, 1999, © Édition Métailié ■

3 questions pour vous guider...

1. Pourquoi, selon David Le Breton, le discours de la société actuelle consiste à dire : « C'est par votre corps qu'on vous juge et qu'on vous classe » (l. 13-14) ? Quel exemple donne-t-il ?
2. Pour quelle raison David Le Breton parle-t-il de l'attention portée à son propre corps comme de la « mise en scène délibérée de soi » (l. 25) ?
3. Expliquez la phrase suivante : « Le corps est devenu une entreprise à diriger au mieux des intérêts du sujet ou de son sentiment de l'esthétique » (l. 41-42).

DOC **36**

MARY SHELLEY
Frankenstein ou le Prométhée moderne

Le roman Frankenstein ou le Prométhée moderne *de l'anglaise Mary Shelley (1797-1851) raconte la fabrication par un jeune savant suisse, le docteur Victor Frankenstein, d'une créature vivante faite de parties de chairs mortes. Dans ce passage, le docteur, qui était jusqu'alors fier de sa création, découvre avec effroi combien elle se révèle monstrueuse.*

[Du corps artificiel au corps monstrueux]

Comment pourrais-je d'écrire mon émoi[1] devant un tel prodige[2] ? Comment pourrais-je dépeindre cet être horrible dont la création m'avait coûté tant de peines et tant de soins ? Ses membres étaient proportionnés et les traits que je lui avais choisis

1. Émoi : émotion immense. **2. Prodige :** miracle.

avaient quelque beauté. Quelque beauté ! Grand Dieu ! Sa peau jaunâtre, tendue à l'extrême, dissimulait à peine ses muscles et ses artères. Sa longue chevelure était d'un noir brillant et ses dents d'une blancheur de nacre[1]. Mais ces avantages ne formaient qu'un contraste plus monstrueux avec ses yeux stupides dont la couleur semblait presque la même que celle, blême[2], des orbites. Il avait la peau ridée et les lèvres noires et minces.

Les avatars[3] multiples de l'existence ne sont pas aussi variables que les sentiments humains. J'avais, pendant deux ans, travaillé sans répit pour donner la vie à un corps inanimé. Et, pour cela, j'avais négligé mon repos et ma santé. Ce but, j'avais cherché à l'atteindre avec une ardeur immodérée[4] – mais maintenant que j'y étais parvenu, la beauté de mon rêve s'évanouissait et j'avais le cœur rempli d'épouvante et de dégoût. Incapable de supporter la vue de l'être que j'avais créé, je sortis de mon laboratoire et longtemps je tournai en rond dans ma chambre à coucher, sans trouver le sommeil. Enfin la fatigue l'emporta et je me jetai tout habillé sur mon lit pour chercher, quelque temps, l'oubli de ma situation. En vain. Je dormis sans doute mais ce fut pour être assailli par les rêves les plus terribles. Je crus voir Elisabeth[5], débordante de santé, se promener dans les rues d'Ingolstadt[6]. Charmé et surpris, je l'enlaçai mais, alors que je posais mes lèvres sur les siennes, elle devint livide[7] comme la mort. Ses traits se décomposèrent et j'eus l'impression que je tenais entre mes bras le cadavre de ma mère. Un linceul[8] l'enveloppait et, à travers les plis, je vis grouiller les vers de la tombe. Je me réveillai avec horreur.

Une sueur glacée me couvrait le front, mes dents claquaient, j'étais saisi de convulsions. Puis, la lumière jaunâtre de la lune se glissa à travers les croisées[9] de la fenêtre et j'aperçus le malheureux

---

1. **D'une blancheur de nacre :** blanc comme un coquillage marin.
2. **Blême :** très pâle.
3. **Avatars :** mésaventures.
4. **Ardeur immodérée :** enthousiasme sans limite.
5. **Elisabeth :** fiancée du docteur Frankenstein.
6. **Ingolstadt :** ville suisse où le docteur réside.
7. **Livide :** très pâle.
8. **Linceul :** drap mortuaire placé sur les défunts.
9. **Croisées :** croisillons de la fenêtre.

– le misérable monstre que j'avais créé. Il soulevait le rideau de mon lit et ses yeux, si je puis les appeler ainsi, étaient fixés sur moi. Ses mâchoires s'ouvrirent et il fit entendre des sons inarticulés, tout en grimaçant. Peut-être parlait-il mais je ne l'entendis pas. Une de ses mains était tendue, comme pour me retenir. Je pris la fuite et me précipitai vers les escaliers. Je cherchai refuge dans la cour de la maison où je passai le reste de la nuit, marchant fébrilement[1] de long en large, aux aguets, attentif au moindre bruit, à croire qu'il annonçait chaque fois l'approche du démon à qui j'avais si piteusement[2] donné la vie.

Quel mortel pourrait supporter l'horreur d'une telle situation ! Une momie à qui l'on rendrait l'âme ne pourrait pas être aussi hideuse que ce misérable. Je l'avais observé avant qu'il ne fût achevé : il était laid à ce moment-là, mais quand ses muscles et ses articulations furent à même de se mouvoir, il devint si repoussant que Dante[3] lui-même n'aurait pas pu l'imaginer.

Frankenstein ou le Prométhée moderne, 1818 ■

3 questions pour vous guider...

1. Relevez, des lignes 5 à 11, ce qui est monstrueux, selon le docteur Frankenstein, dans le corps de sa créature.
2. De quoi rêve le docteur (l. 23-30) ? Comment expliquez-vous son cauchemar ?
3. Pourquoi le docteur prend-il finalement la fuite devant sa créature artificielle (l. 38-43) ?

1. Fébrilement : anxieusement, fiévreusement.
2. Piteusement : lamentablement.
3. Dante Alighieri : écrivain italien (1265-1321) connu pour ses descriptions de l'Enfer dans la *Divine Comédie*.

DOC **37**

BERNARD ANDRIEU

L'homme hybridé : mixités corporelles et troubles identitaires

Le philosophe Bernard Andrieu (né en 1959) est à l'origine de la réflexion sur les limites de l'homme augmenté. Comme il le développe dans cet article, changer l'apparence d'un individu ou l'augmenter par addition de prothèses notamment peut le conduire à éprouver des troubles identitaires : est-on encore humain avec un exosquelette ou est-on devenu un cyborg ?

[L'identité tourmentée de l'homme augmenté]

Le trouble identitaire est produit par le double référencement[1] du sujet qui est, à la fois identifié à son corps biologique par son schéma corporel habituel, et augmenté par la technologie. Le trouble peut être augmenté si la prothèse n'est pas ressentie par la sensibilité du corps, car le sujet ne peut alors intégrer à son schéma corporel la fonction de la prothèse. Le schéma corporel peut être recomposé dans ces parties, comme la zone du bras perdu lors d'une amputation du membre qui sera réactivée lors de la greffe d'organe. Denis Chatelier, greffé des deux mains en 2000, pouvait dire « vivre avec les mains d'un autre (alors que le tout premier greffé de la main en 1998 à Lyon, le néo-zélandais Clint Hallam, a demandé qu'on la lui retire), et révèle dans l'annexe de son livre à quel point son cerveau a réactivé les zones de la main. Si pour la conscience du corps propre, la dette du don d'organe maintient l'idée d'une impropriété[2] des organes greffés, le cerveau, lui, les a incorporés dans une nouvelle activation de cette zone au sein du schéma corporel interne.

L'exemple du bateau de Thésée[3] pose bien le problème de ce changement d'identité par le renouvellement des planches qui le

1. **Référencement :** classement.
2. **Impropriété :** incompatibilité.
3. **Thésée :** héros de la mythologie grecque dont le bateau est connu pour avoir été changé de fond en comble mais pour être demeuré identique.

composent. Cette expérience de pensée met en conflit les deux critères traditionnels de l'identité, la permanence et le temps, et caractérise ainsi parfaitement la problématique inhérente[1] à l'identité numérique. Le bateau du légendaire roi d'Athènes, à cause de ses déplacements en mer fréquents, se voyait enlever progressivement de plus en plus de planches usagées qui étaient remplacées par des planches neuves. Trois bateaux peuvent ainsi être reconstitués : le bateau originel, celui qui préexistait avant les travaux (Thésée 1), le bateau sans cesse réparé (Thésée 2) et un troisième bateau que l'on aurait reconstitué avec les anciennes planches obsolètes[2] récupérées de Thésée 1 (Thésée 3). La question se pose : parmi ces deux candidats (Thésée 2 et 3), quel est le vrai bateau numérique de Thésée ? Dans le cas de l'hybridation[3], même s'il s'agit de la même personne désignée par son nom, les nouveaux matériaux incorporés se mêlent aux différents programmes biologiques au point que, sans traceurs[4] et analyse internes, il paraît difficile de distinguer ce qui provient de soi et ce qui a été introduit par les autres. La mixité est ici incarnée dans le mélange des matériaux.

Ainsi en 2005, une équipe de chercheurs a réalisé la première greffe partielle du visage au monde (greffe du triangle formé par le nez et la bouche) sur une femme de 38 ans, Isabelle Dinoire, dont la défiguration (elle a été mordue au visage par son chien) paraissait irréparable dans un premier temps. En acceptant le greffon d'une grande partie du visage d'une autre, elle se recompose en traversant à chaque instant trois visages : le visage originel, perdu physiquement mais encore présent dans le souvenir vécu et les photographies, le visage défiguré par l'accident, restant présent dans la trace et la cicatrice, et le visage hybride composé à la fois des restes de son visage et de l'addition d'une partie du visage de la donneuse. Isabelle Dinoire se maintient, non pas dans un entre-deux mais dans la présence de trois visages en elle : le philosophe Simone Romagnoli a demontré que le sujet devait être confronté

1. Inhérente à : propre à.
2. Obsolètes : hors d'usage.
3. Hybridation : mélange.
4. Traceurs : repères.

ici à « des discordances du moi » car le conflit identitaire, pour vécu qu'il soit dans la sphère de la conscience de soi, est résolu par celle-ci dans une nouvelle recomposition identitaire au plan du corps biosubjectif[1] : « Non. Quand je me regarde dans la glace, je vois que ce n'est pas mon vrai visage. Au début, j'évitais les glaces. Aujourd'hui, quand je croise mon reflet, je ne me retourne plus comme si ce n'était pas moi que je venais d'apercevoir. Je me suis appropriée ce nouveau visage, mais je sais qu'une partie de moi n'est pas à moi. »

« L'homme hybridé : mixités corporelles et troubles identitaires », in Edouard Kleinpeter (dir.), ***L'Humain augmenté***, © CNRS Éditions, coll. « Les Essentiels d'Hermès », 2013 ■

3 questions pour vous guider...

1. Qu'est-ce Bernard Andrieu nomme ici l'homme hybride ? Quel exemple donne-t-il ?
2. Pour quelle raison Bernard Andrieu sollicite-t-il l'exemple du bateau de Thésée ? Que souhaite-t-il démontrer ?
3. Pourquoi l'homme augmenté est-il confronté à ce que Simone Romagnoli nomme « des discordances du moi » (l. 51) ?

DOC **38**

Marie Lechner
Le corps amplifié de Stelarc

Artiste australien, Stelarc (né en 1946) s'est fait connaître mondialement pour ses performances d'art corporel dans lesquelles il expérimente sur son propre corps la greffe de composants électroniques et robotiques. La journaliste Marie Lechner revient ici sur le parcours de ce plasticien qui, à travers les métamorphoses qu'il impose à son organisme, ne cesse de se demander où commence et où finit le corps naturel.

1. Corps biosubjectif : corps qui, en dépit des modifications opérées sur lui, a toujours le sentiment de s'appartenir.

[Des frontières floues entre corps naturel et artificiel]

Stelarc remonte sa manche et dévoile au public médusé sa troisième oreille affleurant bizarrement sur son avant-bras gauche. « Je voulais d'abord me la greffer sur la joue mais l'endroit n'était pas très propice d'après les médecins », dit-il avec son rire chevrotant[1] très contagieux. L'oreille implantée dans son bras est une sorte de structure poreuse[2] qui permet aux cellules de la peau de pousser à l'intérieur, l'oreille finissant ainsi par faire biologiquement partie de son bras. Lors de l'intervention chirurgicale, il a également implanté un micro dans l'oreille, connecté par blue tooth. « Ainsi on aurait pu se connecter à distance à mon oreille via Internet et écouter ce que mon oreille entend », explique l'artiste. Malheureusement, suite à une infection qui l'a cloué à l'hôpital pendant une semaine, le micro a été retiré. L'artiste avait fait pousser sept oreilles en laboratoire à partir de culture de cellules vivantes de donneurs humains, de cellules cancéreuses et de cellules de souris, plongées dans un bain de nutriments[3]. Elles poussaient sur un modelé d'oreille en polymère[4] qui se biodégradait au fur et à mesure. Mais cette technique ne permet d'obtenir qu'une petite oreille instable, à la durée de vie très courte.

À l'occasion du festival[5], Stelarc présentait également son exosquelette[6] à six pattes, un impressionnant robot développé avec l'aide d'ingénieurs de Hambourg piloté par le corps de l'artiste. Attendrissante tentative d'un bipède de marcher avec six pattes, formant une sorte de chimère[7], d'hybride homme-machine propulsé par air comprimé se déplaçant bruyamment sur le sol de l'entrepôt, la chorégraphie influant sur la composition sonore. « Tous mes projets et performances se penchent sur

---

1. Chevrotant : tremblant.
2. Poreuse : perméable, ouverte.
3. Nutriments : composants élémentaires des aliments pouvant être directement assimilés par l'organisme.
4. Polymère : composé moléculaire organique.
5. Festival : le festival international de la science qui, en 2007, avait lieu à Édimbourg en Écosse.
6. Exosquelette : squelette externe artificiel utilisé pour protéger ou réparer l'organisme.
7. Chimère : créature monstrueuse, mi-homme, mi-animal.

l'augmentation prothétique du corps, que ce soit une augmentation par la machine, une augmentation virtuelle ou par des processus biologiques, comme l'oreille supplémentaire, ce sont des manifestations du même concept : l'idée du corps comme architecture évolutive et l'exploration d'une structure anatomique alternative, explique l'artiste. Dans le cas de l'oreille on a répliqué une partie du corps, on l'a relocalisé, on l'a reconnecté. » Le corps est, pour Stelarc, un site d'expérimentation radicale. Il a débuté par des suspensions spectaculaires, utilisant froidement son corps, non pour atteindre un état de conscience supérieur mais comme simple matériau de sculpture. Corps vide, vulnérable, obsolète[1], qu'il pénètre, virtualise, robotise. Il explore la téléprésence[2] et le corps involontaire, dans *Split Body* qui permettait à des personnes distantes de piloter la moitié de son corps connectée à une interface qui lui envoyait du courant électrique et contractait involontairement ses muscles. Dans *Ping Body*, il connecte son corps à l'Internet qu'il utilise comme un système nerveux externe, le corps bougeant en fonction des données du Net, possédé par une entité informatique. « Je ne vois pas le corps comme le site de la psyché[3] ou de l'inscription sociale qui présuppose une sorte de moi, mais comme un appareil biologique qu'on peut redesigner. » En ce moment, il s'intéresse à une technique de prototypage[4] rapide permettant d'imprimer des organes en 3D, les cellules vivantes remplaçant l'encre. D'après lui, nous sommes de tout temps des zombies et des cyborg[5] : « Ces mots sont chargés d'émotion. Un zombie n'a pas de conscience, il agit de manière involontaire. Et l'image du cyborg nous rend anxieux, nous renvoie cette image d'homme machine et la crainte d'être automatisé. Mais l'involontaire et l'automatique, c'est quelque chose qu'on a toujours été. »

« Le corps amplifié de Stelarc », par Marie Lechner, 12 octobre 2007,

1. Obsolète : voir note 2, p. 115.
2. Téléprésence : présence à distance.
3. Psyché : esprit humain.
4. Prototypage : création de prototypes, d'objets complètement nouveaux.
5. Cyborg : être humain qui a reçu des greffes de parties mécaniques sur son corps.

3 questions pour vous guider...

1. Où Stelarc s'est-il fait greffer sa troisième oreille ? Pourquoi en rit-il ?
2. En quoi Stelarc met-il en évidence, selon la journaliste, un « corps vide, vulnérable, obsolète » (l. 38-39) ?
3. Dans quelles nouvelles expériences sur son corps se lance Stelarc actuellement ? Que cherche-t-il à mettre en évidence à travers elles ?

DOC **39**

ORLAN
La Réincarnation de Sainte Orlan

[Le corps comme terrain d'expérience]

Plasticienne française, Orlan (née en 1947) est l'une des représentantes les plus connues de « l'art charnel », mouvement artistique qu'elle a créé. Questionnant à travers ses œuvres le statut du corps de la femme dans le monde contemporain, elle a fait de son propre corps une œuvre d'art en subissant de nombreuses greffes ou interventions chirurgicales. Dans La Réincarnation de Sainte Orlan, *débutée en 1990, Orlan se livre à une série de neuf opérations et performances de chirurgie esthétique au cours desquelles elle s'interroge sur les mutations psychologiques qu'elle subit. Alors que son corps change, demeure-t-elle psychologiquement identique ?* CAHIER PHOTOS • p. VIII

3 questions pour vous guider...

1. Décrivez les différentes composantes de cette photo.
2. Comment est mise en scène l'opération chirurgicale ? Orlan a-t-elle l'air d'être une patiente opérée ?
3. Comment expliquez-vous la présence de ces deux horloges ? Que veut montrer l'artiste ?

B Un autre rapport au temps et à la mort

L'identité n'est pas l'unique questionnement suscité par les mutations du corps. Lorsque l'homme acquiert un corps artificiel, n'est-il pas tenté de se prendre pour **un surhomme qui défie les lois du temps qui passe et la mort**?

C'est par peur de la vieillesse que l'un des héros de Michel Houellebecq DOC 40 • p. 120 a recours à la chirurgie avec la ferme volonté d'entretenir son **jeunisme**, ce désir de demeurer jeune pour éviter les défaillances corporelles liées à l'âge. Certains vont même plus loin et se lancent dans une **quête d'immortalité** DOC 41 • p. 122. En s'appuyant sur les avancées technologiques, ils pensent pouvoir défier la mort et offrir à l'homme une vie éternelle, quitte à devenir un cyborg, débarrassé de son corps. Car ce corps frôle parfois la mort, lorsque, pour forcer leurs performances, les sportifs, par exemple, n'hésitent pas à **recourir au dopage** DOC 42 • p. 126. La consommation d'anabolisants et autres produits chimiques met en péril la santé et la vie de nombreux athlètes. Paradoxalement, vouloir fuir la mort y conduit parfois plus certainement.

Il ne faut cependant pas perdre confiance en l'avenir dont l'importance est réévaluée par Bernard Claverie DOC 43 • p. 129 : si l'on a pu, au cours des décennies précédentes, mettre en garde contre les avancées technologiques, l'homme augmenté et tout le potentiel dont il est porteur invitent à **envisager un autre rapport au temps** où l'avenir sera synonyme d'espoir.

DOC **40**

MICHEL HOUELLEBECQ
La Possibilité d'une île

Michel Houellebecq (né en 1956) raconte dans La Possibilité d'une île, *roman d'anticipation, l'histoire de Daniel1, un humoriste à succès qui se voit irréversiblement vieillir. Pour trouver la vie éternelle, il s'enrôle dans la secte obscure des Elohimites qui modifient génétiquement son corps pour le rendre jeune à jamais. Quelques siècles plus tard, Daniel1, désabusé, revient sur ce jeunisme qui l'a poussé à devenir immortel.*

[Le jeunisme]

La jeunesse était le temps du bonheur, sa saison unique; menant une vie oisive[1] et dénuée de soucis, partiellement occupée par des études peu absorbantes, les jeunes pouvaient se consacrer sans limite à la libre exultation[2] de leurs corps. Ils pouvaient jouer, aimer, danser, multiplier les plaisirs. Ils pouvaient sortir, aux premières heures de la matinée, d'une fête, en compagnie de partenaires sexuels qu'ils s'étaient choisis, pour contempler la morne[3] file des employés se rendant à leur travail. Ils étaient le sel de la terre[4], et tout leur était donné, tout leur était permis, tout leur était possible.

Plus tard, ayant fondé une famille, étant entrés dans le monde des adultes, ils connaîtraient le tracas, le labeur, les responsabilités, les difficultés de l'existence; ils devraient payer des impôts, s'assujettir à des formalités administratives sans cesser d'assister, impuissants et honteux, à la dégradation irrémédiable[5], lente d'abord, puis de plus en plus rapide, de leur corps; ils devraient entretenir des enfants, surtout, comme des ennemis mortels, dans leur propre maison, ils devraient les choyer[6], les nourrir, s'inquiéter de leurs maladies, assurer les moyens de leur instruction et de leurs plaisirs, et contrairement à ce qui se passe chez les animaux cela ne durerait pas qu'une saison, ils resteraient jusqu'au bout esclaves de leur progéniture[7], le temps de la joie était bel et bien terminé pour eux, ils devraient continuer à peiner jusqu'à la fin, dans la douleur et les ennuis de santé croissants, jusqu'à ce qu'ils ne soient plus bons à rien et soient définitivement jetés au rebut[8], comme des vieillards encombrants et inutiles. [...]

Dès qu'ils voudraient s'approcher du corps des jeunes ils seraient pourchassés, rejetés, tournés en ridicule, à l'opprobre[9],

1. **Oisive :** inactive.
2. **Exultation :** jouissance.
3. **Morne :** monotone, triste.
4. **Le sel de la terre :** ce qu'il y avait de meilleur.
5. **Irrémédiable :** définitive.
6. **Choyer :** chérir.
7. **Progéniture :** enfant.
8. **Au rebut :** à la casse.
9. **Opprobre :** déshonneur.

et de nos jours de plus en plus souvent à l'emprisonnement. Le corps physique des jeunes, seul bien[1] désirable qu'ait jamais été en mesure de produire le monde, était réservé à l'usage exclusif des jeunes, et le sort des vieux était de travailler et de pâtir[2]. Tel était le vrai sens de la solidarité entre générations : il consistait en un pur et simple holocauste[3] de chaque génération au profit de celle appelée à la remplacer, holocauste cruel, prolongé, et qui ne s'accompagnait d'aucune consolation, aucun réconfort, aucune compensation matérielle ni affective.

La Possibilité d'une île, © Michel Houellebecq et la librairie Arthème Fayard, 2005 ■

3 questions pour vous guider...

1. Dans le premier paragraphe, relevez une phrase qui montre que, pour Daniel1, son jeunisme trouve son origine dans une vision idéalisée de la jeunesse.
2. Quels arguments avance Daniel1, des lignes 11 à 26, pour rejeter le corps vieillissant ?
3. Pourquoi Daniel1 en vient-il à dire que « le corps physique des jeunes » constitue le « seul bien désirable qu'ait jamais été en mesure de produire le monde » (l. 29-31) ?

DOC **41**

Rédaction Géo

Le nouveau défi de la Silicon Valley : rendre l'homme immortel

Cet article du mensuel Géo fait état des avancées technologiques et biologiques concrètes qui pourraient permettre à l'homme de devenir immortel. Sont présentées ici différentes expériences pour rendre le corps humain indifférent aux maladies, aux accidents, à la vieillesse et à la mort.

---

1. Bien : produit.
2. Pâtir : souffrir.
3. Holocauste : extermination.

[La quête d'immortalité]

Repousser toujours plus loin la maladie, le vieillissement et la mort, et peut-être, un jour, vivre jusqu'à 1 000 ans. Depuis quelques années, des chercheurs mettent la science au service de la réalisation d'un rêve vieux comme le monde : faire de l'homme un être immortel. Une mission très sérieuse dont s'est notamment emparée la Silicon Valley[1].

La première personne qui vivra jusqu'à 1 000 ans pourrait déjà être née. À l'origine de ces propos, Aubrey de Grey, un gérontologue[2] dont le travail porte sur la lutte contre le processus du vieillissement. En 2009, cet ancien informaticien diplômé de l'Université de Cambridge crée au cœur de la Silicon Valley la fondation SENS (Strategies for Engineered Negligible Senescence), un organisme de recherches qui tente de remédier au vieillissement et de prolonger indéfiniment la durée de vie de l'homme. Un projet ambitieux qui a séduit Peter Thiel, le fondateur de PayPal[3], au point qu'il y contribue à hauteur de 600 000 dollars (527 000 euros) par an.

Car la quête de l'immortalité a gagné la Silicon Valley, ce célèbre pôle californien à l'origine spécialisé dans le développement des technologies de pointe. En 2013, le géant Google s'est ainsi lui aussi lancé dans ce pari fou en créant la California Life Company, ou Calico, dans laquelle ont été investis des dizaines de millions de dollars. Une start-up[4] dont les travaux restent pour le moment encore peu connus, mais qui chercherait à « soigner la mort », selon le magazine *Time*.

Éradiquer[5] les maladies liées à la vieillesse pour permettre à l'être humain de vivre en bonne santé plus longtemps, voilà l'objectif affiché par ces recherches d'une nouvelle ère. Pour Aubrey de Grey, vieillir n'est qu'un problème médical que la science peut

---

1. **Silicon Valley :** située en Californie, cette vallée est entièrement dédiée à l'industrie spécialisée dans l'informatique et les dernières technologiques.
2. **Gérontologue :** médecin spécialisé dans les maladies liées au vieillissement.
3. **PayPal :** société américaine spécialisée dans le paiement sur Internet. Thiel en est le co-fondateur avec Elon Musk et Max Levchin.
4. **Start-up :** jeune entreprise informatique dynamique.
5. **Éradiquer :** éliminer.

résoudre. « Je suis juste pragmatique[1]. Je n'ai pas envie de tomber malade et je n'ai pas envie que vous tombiez malade. Voilà de quoi il s'agit. Je ne travaille pas tant sur la longévité que sur les moyens de garder les gens en bonne santé » a-t-il ainsi expliqué.

Où en sont les recherches sur l'immortalité ?

Aujourd'hui, le record de longévité humaine est de 122 ans, âge auquel la Française Jeanne Calment est décédée. Mais certains scientifiques affirment que d'ici dix ans, le développement de remèdes contre le vieillissement permettra d'augmenter notre durée de vie de deux à trois ans.

Parmi les grands axes de la recherche, les thérapies régénératives : ainsi, pour lutter contre l'atrophie[2] des tissus et des organes, la fondation SENS (Silicon Valley) investit dans les travaux sur la transplantation d'organes cultivés in vitro[3] à partir de cellules souches[4]. En France, des tests d'impression 3D de peau ont été réalisés par l'équipe de Fabien Guillemot, chercheur à l'Institut national de la santé et de la recherche médicale (Inserm). Pour ce scientifique, les résultats obtenus laissent penser que, d'ici une dizaine d'années, la bio-impression de certains tissus pourrait être utilisée dans le cadre de la médecine régénérative.

Autre piste : la modification génétique. L'une des dernières études en date liée à l'allongement de la vie humaine nous vient ainsi d'une équipe de scientifiques de l'Institut de biologie cellulaire de l'Université de Berne, en Suisse. Publiés dans la revue *Cells*, leurs travaux démontrent qu'il est possible de prolonger considérablement la vie d'un être vivant en activant un gène qui détruit les cellules malades de l'organisme. En pratique, les biologistes ont réussi à augmenter de 50 à 60 % la durée de vie moyenne de mouches drosophiles[5]. Mais ils espèrent surtout que, dans un futur proche, les mêmes résultats pourront être obtenus chez l'homme.

---

1. Pragmatique : réaliste.
2. Atrophie : affaiblissement, rétrécissement.
3. In vitro : en laboratoire, hors de l'organisme vivant.
4. Cellules souches : cellules premières permettant de générer tout organisme.
5. Drosophiles : réservées à l'étude en laboratoire.

Constat similaire aux États-Unis, à l'Université de Brown, où des expériences ont récemment permis d'élever de 15 % la durée de vie moyenne de souris, en bloquant un gène appelé Myc, également présent chez l'être humain, et surexprimé[1] chez les patients souffrant de certains cancers.

Mais les chercheurs pourraient aller encore plus loin : « Je ne vois pas de limite biologique absolue à l'âge humain », explique ainsi Craig Venter. Ce biologiste fait partie des premiers chercheurs à avoir séquencé le génome[2] humain. Persuadé que l'immortalité cellulaire est possible, il a co-fondé, au printemps 2014, Human Longevity Inc. Objectif : allonger l'espérance de vie de l'homme en combinant les avancées dans l'étude du génome et les cellules souches. Mais au-delà de la prouesse scientifique, ces recherches soulèvent une question à laquelle personne n'a la réponse : quelles seraient les conséquences d'un allongement de la durée de vie dans un monde qui comptera 2 milliards d'êtres humains de plus à nourrir d'ici 2050 ?

« Le nouveau défi de la Silicon Valley : rendre l'homme immortel »,
2 février 2015, © *Géo* ■

3 questions pour vous guider…

1. Comment Aubrey de Grey s'y prend-il pour essayer de rendre le corps humain immortel (l. 27-32) ?
2. Relevez, des lignes 34 à 63, deux grands axes de recherches génétiques pour atteindre à la jeunesse éternelle ?
3. Quel est le danger qui guette l'humanité en allongeant indéfiniment la durée de vie (l. 69-75) ?

1. Surexprimé : présent de manière anormale.

2. Génome : code génétique qui préside à l'espèce humaine.

DOC **42**

Stéphane Mandard

Dopage : le danger de mort

Journaliste sportif, Stéphane Mandard analyse pour le quotidien Le Monde *les différents dangers encourus par les sportifs qui pratiquent le dopage. La quête sans discernement d'un corps de plus en plus performant peut conduire à une perte de contrôle totale de l'organisme et à une mort précoce.*

[Un risque de mort]

Qu'est-ce qu'un produit dopant ? Une substance susceptible d'améliorer la performance grâce à son pouvoir pharmacologique[1] et dont l'usage est considéré comme contraire à l'« esprit » sportif, entendu comme le respect des règles garantissant l'équité[2] de la compétition. Mais la traque des tricheurs ferait presque oublier que le dopage présente aussi, et surtout, un risque pour la santé des athlètes. Un danger qui peut être mortel.

Le 13 juillet 1967, le Britannique Tom Simpson s'écroule sur les pentes du mont Ventoux, à 36 ans, en pleine étape du Tour de France, terrassé sous l'effet combiné de l'abus d'amphétamines[3] et de la forte chaleur. Quelques mois plus tard, le Comité international olympique (CIO) publie la première liste des substances interdites (amphétamines, stimulants et analgésiques narcotiques[4]), à l'occasion des Jeux olympiques d'hiver de Grenoble. Depuis, la liste des produits prohibés[5] s'est étoffée, mais aussi celle des sportifs disparus prématurément.

1998. La sprinteuse américaine Florence Griffith-Joyner décède à 38 ans d'une attaque cérébrale durant son sommeil. L'autopsie, comme très souvent dans les cas de mort subite, ne permet pas

---

1. Pharmacologique : médicamenteux, lié aux médicaments.
2. Équité : égalité.
3. Amphétamines : produits stupéfiants permettant de doper l'organisme.
4. Analgésiques narcotiques : produits stupéfiants.
5. Prohibés : interdits par la loi.

de faire le lien avec une éventuelle consommation de produits dopants. Cependant, les performances hors normes de « Flo-Jo », détentrice depuis 1988 de deux records du monde inaccessibles (10 s 49 sur 100 m et 21 s 34 sur 200 m), et sa transformation morphologique[1] avaient alimenté les soupçons sur une préparation à base de stéroïdes anabolisants[2]. Or leur administration favorise le risque d'attaque cardiaque ou cérébrale en augmentant le taux de cholestérol.

2001. L'ancien recordman du monde du 10 000 m, Richard Chelimo, meurt à 29 ans d'un cancer du cerveau. « Dans les années à venir, beaucoup d'athlètes vont mourir à cause du dopage, réagit le double champion olympique marocain, Hicham El Guerrouj, après la disparition du fondeur kényan. Croyez-moi, il y aura encore d'autres morts prématurées. »

En 1990, la fédération néerlandaise de cyclisme avait ouvert une enquête après les morts suspectes, par arrêt cardiaque, de sept de ses coureurs dont celles de Johannes Draaijer, à 27 ans, de Connie Meijer, à 25 ans, médaillé bronze aux mondiaux de 1987, et de Bert Oosterbosch, à 32 ans, vainqueur de trois étapes du Tour. Les autopsies n'avaient rien révélé, mais la veuve de Johannes Draaijer, 130e du Tour 1989, avait affirmé que son mari prenait de l'érythropoïétine (EPO) et souhaité que sa mort serve d'avertissement. Injectée sous sa forme synthétique, l'EPO – normalement sécrétée par les reins – possède la particularité d'augmenter la concentration de globules rouges dans le sang. Très prisée des sportifs parce qu'elle permet d'améliorer le transport de l'oxygène vers les muscles et donc les capacités d'endurance, elle majore les risques d'accidents cardio-vasculaires en rendant le sang plus épais. Dans un article du *New England Journal of Medecine*, le docteur Allan J. Ersley expliquait, dès 1991, que la prise d'EPO par les athlètes pouvait être « responsable de thromboses[3] mortelles ».

1. **Morphologique :** de l'aspect de son corps.
2. **Stéroïdes anabolisants :** produits permettant de développer la masse musculaire.
3. **Thromboses :** obstructions d'un vaisseau qui provoquent un arrêt cardiaque.

Les morts suspectes ne concernent pas que des cyclistes. En Italie, le procureur adjoint de Turin, Raffaele Guariniello, qui s'est rendu célèbre en enquêtant sur les pratiques pharmacologiques de la Juventus[1], mène depuis plusieurs années une étude épidémiologique[2] sur les joueurs du Calcio[3]. Sur 24000 footballeurs ayant évolué en 1re, 2e et 3e division entre 1960 et 1990, le juge a répertorié 400 décès et en a jugé plus de 70 suspects. Parmi ces morts suspectes, l'étude relève un nombre anormalement élevé de leucémies[4] et de cancers du foie, du pancréas ou du colon. Des maladies que favorise la prise de stéroïdes anabolisants ou d'hormones de croissance. L'étude a également mis en évidence la forte proportion de joueurs atteints de sclérose latérale amyotrophique (SLA), une pathologie neurologique[5] qui entraîne une paralysie progressive des muscles.

Selon la recension[6] effectuée par Raffaele Guariniello, plus de trente footballeurs sont morts de cette maladie. Ainsi de l'ancien joueur de la Fiorentina, Giuseppe Longoni, décédé en mars, à 63 ans, ou de l'ancien défenseur de la Sampdoria de Gênes, Gianluca Signorini, disparu en 2002, à 42 ans.

Miraculé

Dans un article publié dans la revue *Lancet Neurobiology* en 2003, des chercheurs italiens suggèrent qu'une activité physique intense associée à la prise abusive de médicaments peut expliquer le développement de la SLA chez les footballeurs. Une piste prise au sérieux par le procureur adjoint de Turin, qui teste actuellement sur des rats de laboratoire les cures médicamenteuses administrées aux joueurs entre 1960 et 1990.

Le juge a également consigné les témoignages de plusieurs footballeurs de cette génération. « Je suis un miraculé, a concédé

1. **Juventus :** équipe de football de la ville italienne de Turin.
2. **Épidémiologique :** relative aux risques d'épidémie.
3. **Calcio :** championnat italien de football.
4. **Leucémies :** cancers du système sanguin.
5. **Pathologie neurologique :** maladie liée au cerveau.
6. **Recension :** recensement.

Giovanni Galeone, aujourd'hui entraîneur d'Udinese[1]. Avec tous les produits que j'ai pris quand j'avais 20 ans, je suis heureux d'être en vie. » Ancien coéquipier de Gianluca Signori, Giovanni Ziviani met en garde : « Qui sait ce qui arrivera dans vingt ans aux garçons qui sont, aujourd'hui, bourrés d'EPO et d'hormones de croissance ? »

« Dopage : le danger de mort », 29 octobre 2006, © *Le Monde* ■

3 questions pour vous guider...

1. Pourquoi Hicham El Guerrouj déclare-t-il que « Dans les années à venir, beaucoup d'athlètes vont mourir à cause du dopage » (l. 29-30) ? Quels exemples concrets donne-t-il ?
2. Quels effets à long terme a l'EPO sur le corps des sportifs (l. 38-50) ?
3. Pour quelle raison Giovanni Galeone peut-il se qualifier de « miraculé » (l. 79) ?

DOC **43**

Bernard Claverie

L'Homme augmenté

Dans son essai L'Homme augmenté, *le psychologue Bernard Claverie (né en 1955) analyse les conséquences sur l'espèce humaine des possibilités nouvelles offertes au corps par les biotechnologies. L'homme devra à l'avenir compter avec l'homme augmenté, suite logique et inévitable des avancées technologiques du début des années 2000, dont il est difficile de prévoir l'évolution.*

1. **Udinese :** équipe de football de la ville italienne d'Udine.

[Une confiance renouvelée en l'avenir]

Il est évident que le siècle verra une société dans laquelle les technologies joueront un rôle essentiel, encore plus important qu'au siècle passé. À ce propos, certains ont recours à la notion de «*new frontier*[1]». Elle signifie pour les Américains une limite de conquête, en métaphore avec celle de l'*Ouest américain*, toujours repoussée par des «*pionniers*» d'une libre entreprise scientifique, industrielle ou commerciale, et qui s'autorégule entre «*outlaws*[2]» et «*marshals*[3]», «*cowboys*» et «*indians*»… Cette notion a été reprise au début de la Seconde Guerre mondiale dans le rapport Bush de politique scientifique, puis dans le célèbre discours d'investiture de Kennedy[4] de 1960, engageant le renouveau du développement économique américain et le programme Apollo de conquête spatiale.

L'homme augmenté est considéré, à la fois par certains scientifiques, technologues ou idéologues comme une «*nouvelle frontière*» nécessitant donc l'audace des pionniers, l'aide d'une politique incitative et l'ambition d'un futur qui, pour certains, est transhumaniste[5], pour d'autre plus rationnellement économique.

Chaque progrès a son double aspect: positif et négatif. L'homme augmenté n'y échappe pas.

L'histoire nous montre que la Seconde Guerre mondiale a inauguré un effort technologique considérable ouvrant une époque d'euphorie[6] techno-économique jusque dans les années soixante-dix. Le doublement du niveau de vie et une croissance sans précédent, l'explosion des technologies du plaisir et du confort pour modèle culturel de famille occidentale à deux enfants, etc. guideront d'ailleurs l'économie. La conquête spatiale a ouvert des perspectives fantasmatiques, les «*nouvelles frontières*» étaient à la portée de la technologie conçue comme

1. ***New Frontier*:** en anglais, nouvelle frontière.
2. ***Outlaws*:** dans le Far West américain, les hors-la-loi.
3. ***Marshals*:** dans le Far West américain, les sheriffs chargés de faire respecter l'ordre.
4. **John Fitzgerald Kennedy:** homme politique américain (1917-1963), 35e président des États-Unis (1960-1963).
5. Voir DOC 32, p. 90.
6. **Euphorie:** immense joie.

pouvant résoudre tous les problèmes et mener l'humanité au bonheur, sur Terre comme ailleurs.

Mais après l'euphorie, le désenchantement. Il est venu du progrès, avec la crise pétrolière, les accidents nucléaires et les premières catastrophes écologiques majeures des années soixante-dix et quatre-vingt. Le tout est survenu dans une ambiance de catastrophisme couronné par la menace nucléaire entre l'Est et l'Ouest[1]. La prise de conscience des années quatre-vingt-dix d'une Terre limitée, sans ressources inépuisables a fortement diminué la croissance. D'autres voies ont alors été ouvertes, vers le contrôle économique des productions et services, la miniaturisation technologique, la pervasion[2] et la diffusion généralisée des technologies devenues accessibles à tous.

Rien n'aurait ainsi permis de prévoir, à la sortie de la Seconde Guerre mondiale, de quoi serait exactement faite notre époque. Certaines choses ont ainsi technologiquement évolué de manière exponentielle[3]. Par contre, et souvent contre toute attente, d'autres sont restées limitées à cause du désintérêt, d'accidents majeurs, de crise de santé publique, de menace environnementale ou pour des choix économiques ou politiques inattendus.

Rien n'a permis de prévoir exactement, dans les années cinquante, ce que les années deux mille ont été. Certes des idées générales annonçaient l'explosion technologique, mais avec des incertitudes qui prêtent à sourire à la lecture des magazines, des romans et autres publications de l'époque. Des articles optimistes pronostiquaient la résolution des problèmes et des maladies alors que des prophètes de malheur usaient d'un catastrophisme de fin de monde. Pour le moins que l'on puisse dire, la « *futurologie* » n'a jamais été une science exacte.

Il est donc vraisemblable que le futur technologique nous échappe de la même manière. Rien ne nous permet donc de prédire ce que sera l'après 2050. Sommes-nous par exemple à la

1. L'Est et l'Ouest : il s'agit ici de l'URSS et des États-Unis qui, durant la guerre froide (1949-1991), se sont affrontés indirectement.

2. Pervasion : pénétration.

3. Exponentielle : d'une croissance stupéfiante.

fin d'une période d'abondance ou trouverons-nous de nouvelles sources d'énergie dans la transformation biotechnologique ou nanotechnologique des richesses du biotope[1] marin ou des déchets industriels ? Et pour ce qui est de notre propos, serons-nous des hommes augmentés par une technologie pervasise exogène[2], par une hybridation[3] posthumaniste, etc. ?

La seule chose que l'on sache est que la technologie avance et qu'elle ne s'arrêtera pas, sauf grande catastrophe globale. L'homme sera donc augmenté, plus augmenté qu'il ne l'est aujourd'hui. La convergence dont on est témoin depuis le tournant du siècle semble permettre de raisonnablement prévoir un changement de paradigme dans l'augmentation, devenant globale et généralisée.

Pourquoi alors le futur serait-il moins bien qu'aujourd'hui ? Pourquoi serait-il menaçant, comme l'étaient conçues autrefois par exemple l'ouverture des frontières, la mondialisation des échanges ou l'information globalisée ? Pourquoi penser avec des appareils, des prolongements ou des prothèses serait-il moins acceptable qu'une cognition[4] aidée par nos smartphones, nos laptops[5] ou autres systèmes communicants actuels et déjà archaïques ?

L'Homme augmenté. Néotechnologies pour un dépassement du corps et de la pensée, Collection « Cognition et Formation », ■

3 questions pour vous guider...

1. Qu'est-ce que la « nouvelle frontière » technologique (l. 14) ? À quoi Bernard Claverie la compare-t-il ?

2. Quelle rupture marque, selon Claverie, la Seconde Guerre mondiale dans les avancées technologiques (l. 20-57) ? Quelles en sont les conséquences ?

3. Montrez, dans les deux derniers paragraphes, pour quelles raisons Bernard Claverie a confiance dans l'avenir technologique.

---

1. Biotope : environnement.

2. Pervasive exogène : invasion provenant de l'extérieur.

3. Hybridation : croisement, mélange.

4. Cognition : connaissance.

5. Laptops : ordinateurs portables.

C Une nouvelle frontière entre le corps humain et la machine

Même si son identité est ébranlée par les métamorphoses qu'il a subies et que son rapport au temps et à la mort se trouve également modifié, l'homme réparé ou augmenté entretient un nouveau rapport avec son corps. Ce corps qui a recouvré des facultés détériorées, ou dopé par la greffe de membres bioniques, fait-il de lui une machine à l'égal des androïdes, ces êtres d'acier intelligents ? **Qu'est-ce qui le différencie désormais des machines ?** Son existence est-elle menacée par leur présence ? À l'évidence, une question éthique se pose, ainsi que le souligne Jean-Michel Besnier DOC 44 • p. 134 : **si le corps devient artificiel, que restera-t-il de la nature humaine ?**

Peut-être beaucoup plus qu'on ne le pense, nous répond Grand Corps Malade DOC 45 • p. 136. Le récit de la lente rééducation d'un jeune homme, suite à un violent accident qu'il raconte dans son film *Patients*, nous montre le corps naturel sous un jour inédit. Le jeune convalescent **reprend progressivement confiance dans son corps endommagé** en redécouvrant la **formidable machine**, bien plus résistante qu'on ne le dit, dont il dispose. Car, comme le déclare le philosophe Michel Serres DOC 46 • p. 137, **existe-t-il plus belle machine que le corps humain ?** Il peut tout et possède une force aussi insoupçonnée qu'infinie.

Ce renversement de perspective redessine la frontière entre le corps naturel et humain et la machine. Dotés de potentialités différentes, ils ne sont pas en concurrence. L'homme pourvu d'un esprit et d'un corps naturel a des atouts aussi impressionnants que précieux.

DOC **44**

JEAN-MICHEL BESNIER

Demain les posthumains : le futur a-t-il encore besoin de nous ?

Philosophe spécialiste des nouvelles technologies, Jean-Marie Besnier (né en 1950) réfléchit dans son essai Demain les posthumains *sur l'avenir du genre humain. Devenu un véritable assemblage artificiel, le corps humain entre en concurrence avec les machines qui risquent de prendre sa place et de le détruire.*

[L'humain menacé par les machines ?]

En 1965, Aurel David, exposant les principes de la cybernétique[1] pour un public qui en découvrait tout juste l'existence, exprimait avec placidité[2] le fait que nous soyons désormais dépassés par les machines que nous avons créées pour nos besoins et il en tirait une conclusion mortelle pour l'anthropocentrisme[3] : « L'organisation du travail a introduit une sorte de chasse à l'homme dans l'usine. Le corps humain est le seul point faible d'un ensemble mécanique. Ce n'est qu'au moment où le dernier homme aura été chassé de l'usine que l'on pourra envisager le perfectionnement harmonieux et sans limites de l'ensemble des machines. »

David n'éprouvait pas même l'intention de souligner la situation paradoxale qui révèle l'infériorité du créateur sur sa créature. Un cartésien[4] s'y serait employé, en interrogeant cette bizarrerie antimécaniste[5] qui autorise l'effet d'une action à comporter plus de réalité que sa cause. Pourtant, qu'on se le dise, l'homme n'est plus à la hauteur et il lui faut composer avec la transcendance[6] que son génie a fait émerger. Ou bien quitter la scène…

---

1. Cybernétique : science de l'interaction des machines sur les espèces vivantes.
2. Placidité : calme, sérénité.
3. Anthropocentrisme : concept philosophique selon lequel l'homme serait au centre du monde.
4. Cartésien : homme rationnel et méthodique.
5. Antimécaniste : contre une conception purement mécanique du corps humain.
6. Transcendance : relatif à tout ce qui est supérieur à la stricte sphère quotidienne.

A-t-il seulement encore le choix? « L'esprit cybernétique, expliquait Aurel David, semble pousser à la destruction de l'humain. » Quarante ans avant l'apparition des robots androïdes[1], il invoquait à l'appui de son diagnostic le développement des machines au comportement indéterminé, aux réactions émergentes et néanmoins adaptées aux circonstances, qui nous défient de continuer à croire que nous sommes seuls à être libres. Contraints à reconnaître les prouesses de nos robots, encore nous était-il alors permis d'affirmer que s'ils sont imbattables dans la réalisation des missions que nous leur assignons, ils sont bien incapables de se donner eux-mêmes des buts.

Or, les machines connexionnistes ou neuromimétiques[2], comme on nomme les robots dont le fonctionnement simule les mécanismes neuronaux, nous paraissent désormais capables d'apprendre, par conséquent d'évoluer, et elles seront bientôt en mesure de se construire elles-mêmes. Comment ne nous humilieraient-elles pas, tout vivants que nous soyons? « L'homme s'amenuise[3] par le haut et par le bas, dit encore David, attaqué par les machines aussi bien dans sa force brute que dans sa pensée asservie[4] la plus subtile. » Entendez par là qu'il est dépossédé dans son travail par tous les instruments susceptibles de pallier sa faiblesse physique, de lui économiser des efforts musculaires, mais aussi par les ordinateurs et autres techniques cognitives[5] qui le débarrassent de plus en plus du souci de penser et de gérer son savoir.

Ce qu'il croit encore pouvoir se réserver comme son privilège exclusif et qui ne relève pas, espère-t-on, d'automatismes (la poésie, l'humour, le sentiment esthétique ou amoureux, la foi religieuse...) lui est contesté chaque jour davantage par l'arrogance des sciences de la cognition[6]. N'entendent-elles pas traduire en

1. Robots androïdes: robots imitant les humains.
2. Connexionnistes, neuromimétiques: qui reproduisent le mécanisme du cerveau humain.
3. S'amenuise: diminue.
4. Asservie: soumise.
5. Cognitives: relatives à la connaissance.
6. Cognition: connaissance.

termes d'algorithmes[1] la moindre de ses intuitions ou bien expliquer comme autant de mécanismes neuronaux ou hormonaux ce dont il était le plus fier ? L'humiliation vire parfois à la nausée quand les performances des machines nous conduisent à réaliser combien l'humain en nous tient à peu de chose, s'il peut être remplacé par quelque dispositif matériel.

« Demain les posthumains : le futur a-t-il encore besoin de nous ? »
de Jean-Michel Besnier, ■

3 questions pour vous guider...

1. Pourquoi Aurel David déclare-t-il en 1965 : « Le corps humain est le seul point faible d'un ensemble mécanique » (l. 7) ?
2. Qu'appelle-t-on les machines « connexionnistes et neuromimétiques » (l. 29) ? En quoi imitent-elles le corps humain ?
3. Quels domaines ordinairement réservés aux humains seront bientôt contestés par les machines ?

DOC **45**

Grand Corps Malade
Patients

[Reprendre confiance dans le corps humain]

Dans ce film autobiographique de 2017, le slameur et poète Grand Corps Malade (né en 1977) met en scène l'histoire tragique de Ben, jeune sportif qui, un jour, subit un accident le laissant handicapé à vie. Devenu partiellement incapable de marcher, le jeune homme arrive dans un centre de rééducation où, d'abord désespéré devant son corps détruit, il va progressivement surmonter son handicap pour réapprendre à se servir de son corps. Pour Grand

1. **Algorithmes :** ensemble de règles pour résoudre informatiquement un problème donné.

Corps Malade, il s'agit de montrer que, même blessé et sans prothèse, le corps humain est capable d'exploits CAHIER PHOTOS • p. VIII.

3 questions pour vous guider...

1. Décrivez les différentes composantes de l'image.
2. Qui sont les personnages sur l'affiche ? Pourquoi se tiennent-ils tous rangés derrière le personnage principal ?
3. Faites la liste de tous les verbes présents sur l'affiche. Pourquoi certains sont-ils barrés au détriment d'autres ?

DOC **46**

Michel Serres
Variations sur le corps

Le philosophe Michel Serres (né en 1930) propose avec Variations sur le corps *un éloge de son professeur d'éducation physique et, plus largement, de toutes les professions repoussant les limites du corps. Selon lui, le corps humain est un prodige de la nature capable d'accomplir n'importe quelle tâche, de relever n'importe quel défi.*

[La perfection du corps humain]

Que peuvent nos corps ? Presque tout.

Au contraire, combien de doctes[1] annoncent que le corps hominien[2], débile et mis par nature à la place la plus faible parmi les vivants, ne peut pas grand-chose. Cette ânerie date au moins de trois millénaires sans que l'expérience la plus constante l'empêche de braire[3] ; qu'un philosophe respecté laisse échapper quelque sottise et vingt-cinq siècles d'enseignement la répéteront en l'épaississant même de commentaires cuirassés[4]. Qu'au

1. **Doctes :** gens prétendument très savants.
2. **Hominien :** humain.
3. **Braire :** crier de manière stupide.
4. **De commentaires cuirassés :** blindés par des arguments irréfutables.

contraire, en effet, de la main, du pied, du cœur, des nerfs et des muscles… en adresse, puissance, souplesse, adaptation et souffle… marins, mères, montagnards, acrobates, chirurgiens, athlètes, lutteurs, voyageuses, prestidigitateurs, virtuoses… l'emportent, en performances de tous genres et en chaque discipline strictement physique, sur l'ensemble des animaux dont les espèces se spécialisent dans des gestes définis… que les diverses ethnies[1] se répandent sur la planète, affrontant les climats les plus extrêmes dont seule l'évolution, sur des millions d'années, permets aux bêtes de les supporter… que chaque genre n'exécute qu'un programme raide et limité, alors que, plus libres, les humains projettent sans cesse des exploits inattendus… cette expérience générale ne paraît pas frapper d'étonnement ces philosophies occupées à répéter la litanie[2] de nos faiblesses. Du corps de qui parlent-elles ?

Connaissez donc ses incroyables capacités : increvable et faite pour la pénurie, la bête humaine peut souquer[3] à l'aviron pendant des mois pour traverser le Pacifique, travailler sa vie entière dans la désapprobation des pairs[4], passer sept jours d'orage dans une paroi verticale de glace en haute montagne hivernale ou trente années de maladie à composer, dans l'étouffement et la souffrance, une œuvre musicale, traverser le Groenland ou l'Antarctique par des froids mortels à tous les animaux, combattre un État criminellement pervers, jusqu'à faire basculer, à elle seule, tout le contrat collectif qui le conditionne ; certains vieillards courent cent kilomètres en quelques heures, alors qu'un lion mâle adulte arrête sa course après soixante mètres, par surchauffe et pour souffler ; les misérables survivent en des conditions tellement minimales que beaucoup les considéreraient comme mortelles ; combien de mères patientes affrontent le chômage, la pauvreté, l'insécurité, le désespoir où survit leur famille… citez un vivant plus endurant !

1. **Ethnies :** groupes de population.
2. **Litanie :** liste.
3. **Souquer :** ramer.
4. **Pairs :** confrères.

Donner sa vie paraît la moindre des politesses à cette bête sainte quand elle méprise ses limites. Seuls les animaux connaissent des bornes, celles de l'instinct; sans instinct, les hommes plantent leur tente fragile et mobile, sans mur ni protection contre l'illimité.

Variations sur le corps, 1999, © Éditions Fayard ■

3 questions pour vous guider...

1. Quelle conception du corps Michel Serres qualifie-t-il d'« ânerie » (l. 4) ?
2. Pourquoi Michel Serres considère-t-il que les capacités physiques du corps humain se révèlent supérieures à celles des animaux ?
3. Relevez, des lignes 23 aux lignes 38, trois exemples qui permettent d'affirmer que le corps humain ne cesse de repousser ses limites.

SUJET 1 Les troubles de l'identité

L'« homme augmenté » est celui qui a subi une greffe d'organe ou qui porte, par exemple, un bras bionique intelligent. Mais, en vivant avec un membre qui n'est pas à soi, qu'on ne reconnaît pas, comment savoir encore qui l'on est ? Et comment savoir où se termine le corps naturel et où commence la machine ?

Les sites à explorer

- **Bande-annonce du film *Les Yeux sans visage* de Georges Franju**
  https://www.youtube.com/watch?v= WtzERH1bT8

  Dans ce drame français de 1960, le réalisateur Georges Franju met en scène l'histoire du docteur Génessier qui veut greffer un nouveau visage à sa fille, Christiane, défigurée dans un accident de voiture. Le docteur et son assistante enlèvent donc des jeunes filles afin de prélever leurs visages. Mais, opération après opération, rien n'y fait : aucune greffe de visage ne prend et Christiane paraît avoir perdu totalement son identité.

- **Les Assises du corps transformé**
  http://www.assisesducorpstransforme.fr/2015/10/09/apres-lhomme-reparelhomme-augmente/

  Tous les ans, l'université de Montpellier organise des Assises du corps transformé, c'est-à-dire des interventions et des tables rondes pour dresser un bilan scientifique et éthique de l'utilisation des biotechnologies. Chaque intervenant réfléchit ainsi au cyber-corps et aux troubles de l'identité qu'il peut impliquer, comme ici Jacques Mateu, chirurgien.

VERS L'EXPOSÉ

1. Perdre son identité

Visionnez la bande-annonce des *Yeux sans visage* et comparez à ce que dit Jacques Mateu dans les Assises du corps transformé sur la perte de repères de l'individu greffé. En quoi, selon Franju et certains psychologues, ne plus savoir si l'on est soi-même ou un autre après une opération peut conduire à la folie ?

2. Homme ou machine ?

Visionnez la conférence de Mateu et relever d'une part les arguments qui font l'éloge d'un homme bionique, d'autre part ceux qui mettent en garde contre la domination de la machine sur l'espèce humaine.

SUJET 2 Le corps humain, source infinie de surprises

Même blessé et amputé, le corps humain n'est jamais complètement vaincu. Outre les aides que sont la chirurgie plastique et les biotechnologies, le corps humain possède une capacité de résistance inouïe souvent méconnue. Ce sont ces capacités fascinantes que l'enquête web cherche à dévoiler.

Les sites à explorer

- **Les incroyables capacités du corps humain**
  https://www.france.tv/france-2/les-pouvoirs-extraordinaires-du-corps-humain/
  Dans cette vidéo, Michel Cymes, animateur et médecin, présente, avec le mannequin Adriana Karembeu, les incroyables capacités du corps humain, avec de nombreuses anecdotes et démonstrations sportives.
- **Les potentialités du corps humain par Michel Serres**
  https://www.reseau-canope.fr/corpus/video/les-potentialites-du-corps-34.html
  Dans cet entretien filmé, le philosophe Michel Serres évoque les étonnantes capacités du corps humain, qui font de l'homme l'animal le mieux achevé et le plus performant de la planète. Il est à la fois capable d'adapter ses gestes à ses besoins, mais aussi d'inventer des mouvements pour son plaisir, tels les pas de danse.

VERS L'EXPOSÉ

1. Repousser ses limites

Relevez trois situations mentionnées par Michel Cymes et comparez-les au constat de Michel Serres sur les performances insoupçonnées du corps humain. Ces caractéristiques communes vous permettront de voir en quoi le corps humain ne cesse de repousser ses limites.

2. Un corps infini ?

Dans la vidéo de Michel Serres, relevez trois arguments du philosophe qui montrent que le corps humain est toujours inconnu et d'une richesse infinie.

SUJET 1 Un corps difficile à maîtriser

■ Première partie : Synthèse (/40 points)

Vous rédigerez une synthèse concise, objective et ordonnée des documents suivants

Document 4 • Georges-Louis Buffon, « De la vieillesse et de la mort » (p. 21)
Document 11 • Marc Dugain, *La Chambre des officiers* (p. 36)
Document 15 • Georges Vignaux, *L'Aventure du corps* (p. 44)
Document 34 • Mona Chollet, *Beauté fatale* (p. 106)

Les conseils pour réussir

a. Lisez attentivement les textes et classez les différents types de dysfonctionnements du corps humain.
b. Confrontez les textes de Buffon et Vignaux.
c. Mettez en évidence, dans les textes de Georges Vignaux et Mona Chollet, les raisons pour lesquelles le corps humain demeure encore inconnu.

■ Seconde partie : Écriture personnelle (/20 points)

Pensez-vous que l'homme soit condamné à l'impuissance devant les défaillances de son corps ?
Vous répondrez à cette question d'une façon argumentée en vous appuyant sur des documents du corpus, vos lectures de l'année et vos connaissances personnelles.

Les conseils pour réussir

a. Relisez dans cet ouvrage la partie C du premier chapitre consacrée à la difficile maîtrise du corps.
b. Distinguez dans votre réflexion les différentes défaillances du corps en les hiérarchisant.
c. Consacrez un temps de votre travail au brouillon à énumérer les possibilités techniques et scientifiques pour réparer et augmenter son corps.

SUJET 2 Pourquoi désirer un corps artificiel ?

■ Première partie : Synthèse (/40 points)

Vous rédigerez une synthèse concise, objective et ordonnée des documents suivants

Document 13 • Marcel Proust, *Du côté de Guermantes* (p. 40)
Document 20 • Georges Vigarello, *Histoire de la beauté* (p. 61)
Document 28 • Maylis de Kerangal, *Réparer les vivants* (p. 80)
Document 40 • Michel Houellebecq, *La Possibilité d'une île* (p. 120)

Les conseils pour réussir

a. Lisez attentivement les documents et mettez en lumière les différentes façons de réparer et d'augmenter le corps humain.
b. En vous concentrant sur les textes de Marcel Proust et Georges Vigarello, dégagez trois raisons pour lesquelles certains veulent maîtriser leur corps.
c. Mettez en lumière, dans le texte de Maylis de Kerangal, la manière dont les hommes peuvent réparer le corps.

■ Seconde partie : Écriture personnelle (/20 points)

Pensez-vous que se créer un corps artificiel naisse uniquement du désir de compenser les défauts de la nature ?
Vous répondrez à cette question d'une façon argumentée en vous appuyant sur des documents du corpus, vos lectures de l'année et vos connaissances personnelles.

Les conseils pour réussir

a. Relisez le texte de Michel Houellebecq et appuyez votre raisonnement sur une définition précise du jeunisme.
b. Appuyez-vous sur les textes de Marcel Proust et Maylis de Kerangal pour montrer que la maîtrise du corps a pour but d'éliminer les souffrances des malades.
c. Montrez que le culte du corps et de l'apparence physique est central dans le désir de la maîtrise du corps.

SUJET 3 Le corps artificiel, un risque pour l'homme ?

■ Première partie : Synthèse (/40 points)

Vous rédigerez une synthèse concise, objective et ordonnée des documents suivants

Document 21 • OSCAR WILDE, *Le Portrait de Dorian Gray* (p. 63)
Document 36 • MARY SHELLEY, *Frankenstein ou le Prométhée moderne* (p. 111)
Document 37 • BERNARD ANDRIEU, « L'homme hybridé : mixités corporelles et troubles identitaires » (p. 114)
Document 44 • JEAN-MICHEL BESNIER, « Demain les posthumains : le futur a-t-il encore besoin de nous ? » (p. 134)

Les conseils pour réussir

a. Lisez attentivement les textes et classez, pour chacun, les différents risques évoqués.
b. Confrontez le texte de Mary Shelley au texte de Bernard Andrieu.
c. Mettez en lumière dans le texte de Jean-Michel Besnier le risque majeur encouru par l'espèce humaine en général.

■ Seconde partie : Écriture personnelle (/20 points)

Pensez-vous que le corps artificiel constitue un risque pour l'homme ?
Vous répondrez à cette question d'une façon argumentée en vous appuyant sur des documents du corpus, vos lectures de l'année et vos connaissances personnelles.

Les conseils pour réussir

a. Relisez dans cet ouvrage le deuxième chapitre consacré à la maîtrise du corps humain par les sciences et la technologie.
b. Mettez en évidence les aspects négatifs de l'augmentation du corps humain par la science.
c. Construisez votre devoir en soulignant les risques à la fois physiques et psychologiques du corps artificiel pour l'humain.

SUJET 4 Le corps humain, la plus formidable des machines ?

■ Première partie : Synthèse (/40 points)

Vous rédigerez une synthèse concise, objective et ordonnée des documents suivants

Document 7 • Guy de Maupassant, *Fort comme la mort* (p. 27)

Document 23 • Jean Echenoz, *Courir* (p. 69)

Document 45 • Grand Corps Malade, *Patients* (p. 136)

Document 46 • Michel Serres, *Variations sur le corps* (p. 137)

Les conseils pour réussir

a. Analysez attentivement les documents et repérez dans chacun les facultés physiques sollicitées chez l'être humain.
b. Mettez en évidence les facultés psychologiques sollicitées dans les œuvres de Jean Echenoz et de Grand Corps Malade.
c. En vous appuyant sur le texte de Michel Serres, dégagez les situations qui montrent l'extrême endurance du corps humain.

■ Seconde partie : Écriture personnelle (/20 points)

Pensez-vous que, comme l'affirme Michel Serres, nos corps peuvent presque tout ?
Vous répondrez à cette question d'une façon argumentée en vous appuyant sur des documents du corpus, vos lectures de l'année et vos connaissances personnelles.

Les conseils pour réussir

a. Analysez le texte de Michel Serres.
b. Analysez les limites psychologiques rencontrées par ceux qui ont un corps artificiel.
c. Pensez à souligner le caractère infini, selon Michel Serres, des ressources du corps humain en donnant des exemples concrets empruntés à vos lectures effectuées durant l'année.

FICHE n° 1

Construire une synthèse de documents

INFO

■ Notée sur 40, la synthèse est l'une des deux parties de l'épreuve écrite de culture générale et expression au BTS.

■ Cet exercice consiste à rapprocher et confronter un ensemble de 3 ou 4 documents (également appelé corpus) dans une synthèse rédigée, construite et objective qui en fera apparaître les points de convergence et de divergence.

■ Le devoir doit se présenter sous la forme d'une composition, avec une introduction, un développement et une conclusion rédigés.

*Pour réussir la synthèse, il faut procéder en **4 étapes**.*

ÉTAPE 1 Lire le dossier

■ Lisez tout d'abord attentivement le titre du dossier : il annonce le thème traité et vous sert de guide.

■ Prenez connaissance du paratexte de chaque document. Vous y trouvez des informations précieuses : sur l'auteur, le titre, la date et la source.

■ Lisez enfin avec soin l'ensemble du dossier une première fois pour identifier les idées clés.

ÉTAPE 2 Reformuler et classer les idées clés

■ Après les avoir identifiées, reformulez chacune des idées clés : énoncez-les d'une manière différente de celle du texte, en tâchant de les expliciter.

■ Relisez les idées reformulées et surlignez dans la même couleur celles qui se rapportent à un même groupe d'idées.

■ Vous obtenez différents groupes d'idées ou thèmes : en général deux ou trois. Donnez-leur un titre.

■ Faites un tableau récapitulatif permettant de visualiser, pour chaque thème, les points communs et les différences entre les documents.

ÉTAPE 3 Trouver la problématique

■ Chaque thème peut être associé à une interrogation. S'ouvre alors un débat entre les différents thèmes identifiés que l'on peut formuler sous la forme d'une question : c'est la problématique générale de la synthèse.

ÉTAPE 4 Construire le plan

■ Les deux ou trois grands thèmes identifiés correspondent aux deux ou trois grandes parties du plan. Classez-les du plus simple au plus complexe de manière à proposer une progression dans le plan.

■ Pour chaque partie, déclinez l'idée directrice en deux ou trois arguments clés qui permettent d'asseoir la démonstration.

■ N'oubliez pas de rédiger, toujours au brouillon, de brefs paragraphes de transition articulant chacune des grandes parties entre elles.

L'astuce

Il est souvent utile d'adopter un plan analytique exposant les causes, les conséquences et les solutions aux problèmes posés dans les documents.

Le piège !

Évitez absolument un plan énumératif qui analyse un à un les documents sans proposer de synthèse. Il faut toujours procéder à un recoupement entre les différents documents.

FICHE n° 2 Traiter un sujet d'écriture personnelle

INFO

■ Notée sur 20, l'écriture personnelle est l'une des deux parties de l'épreuve écrite de culture générale et expression au BTS.

■ Cet exercice consiste à répondre de manière argumentée à une question relative aux documents du dossier. La question invite le candidat à confronter les documents proposés à l'étude pour la synthèse aux connaissances acquises durant l'année scolaire sur le thème.

■ L'écriture personnelle réclame du candidat une prise de position claire et définie sur la problématique qui sera développée sous la forme d'une composition française de 80 à 100 lignes maximum. Elle doit comporter une introduction, un développement et une conclusion rédigés.

Pour réussir l'écriture personnelle, il faut procéder en ***6 étapes.***

ÉTAPE 1 Analyser le sujet

■ Lisez tout d'abord attentivement le sujet dont la formulation est toujours identique : il s'agit soit d'une question ouverte soit d'une citation à commenter en lien avec l'un des deux thèmes traités durant l'année.

■ Identifiez les mots clés qui permettent de délimiter le sujet. Ces mots clés doivent être reformulés pour favoriser la recherche d'idées et inviter à poser les termes du débat.

■ La confrontation des documents du dossier et de vos connaissances personnelles vous permettra de définir une problématique autour de laquelle vous pourrez articuler votre questionnement.

ÉTAPE 2 Trouver les arguments

■ L'écriture personnelle s'articule autour de six à neuf arguments principaux. Chacun de ces arguments est présenté dans un paragraphe distinct. L'idée directrice y est énoncée puis illustrée avec un exemple précis puisé dans l'un des documents du dossier ou dans vos connaissances personnelles.

■ Pour trouver les arguments principaux :

– relisez les documents du dossier ;

– passez en revue vos connaissances personnelles acquises durant l'apprentissage des thèmes.

■ Une fois les idées et les exemples trouvés, confrontez-les pour éviter les redites et le hors sujet. Chaque idée doit bien répondre à la problématique.

⋯› ÉTAPE ❸ Construire son plan

■ Trois règles sont indispensables pour élaborer votre plan :
– classez les idées selon leur degré d'importance ;
– énoncez de manière claire chaque idée et enchaînez-les de façon logique et cohérente ;
– démontrez toujours au lieu d'affirmer vos idées.

■ Quel que soit le plan adopté, vous devez avant tout fonder votre propos sur une argumentation personnelle.

■ Trois types de plans sont possibles pour organiser vos idées :
– Avantages / Inconvénients / Solutions.
– Causes / Conséquences / Solutions.
– Explication / Nuances / Reformulation de la question.

⋯› ÉTAPE ❹ Rédiger l'introduction

■ L'introduction comporte trois étapes :
– commencez par présenter le sujet avec une phrase d'accroche ;
– présentez la problématique sous la forme d'une question ;
– annoncez le plan en soulignant son mouvement démonstratif à l'aide de liens logiques.

⋯› ÉTAPE ❺ Rédiger le développement

■ Suivant le modèle de la composition française, le développement propose trois parties rédigées distinctement. Elles doivent être séparées par des sauts de lignes et marquées par des alinéas signalant chaque début de nouveau paragraphe.

■ Chaque partie définit d'abord son idée directrice. Suit l'énonciation de chaque argument illustré pour chacun d'exemples précis.

■ Chaque partie et chaque idée s'enchaînent et s'articulent à l'aide de liens logiques.

⋯> ÉTAPE 6 Rédiger la conclusion

La conclusion comporte deux étapes :
– commencez par répondre sous la forme d'un bilan à la problématique posée en introduction ;
– puis ouvrez et élargissez le sujet à l'aide d'une question.

L'astuce

Confrontez les idées et les exemples en les organisant de manière personnelle pour aboutir à une réponse individuelle.

Le piège !

Évitez de traiter le sujet comme une question réclamant une prise de position subjective ! Vous devez donc impérativement éviter les formules comme « selon moi », « pour ma part », « personnellement » ou « je pense que ».

FICHE n° 3 Analyser un texte d'idées

INFO

■ Les textes d'idées sont des documents écrits qui n'appartiennent pas à la fiction comme le roman ou le théâtre : essais sociologiques, dialogues philosophiques, articles de presse, entretiens, documents de référence…

■ Ils constituent les documents les plus nombreux dans les corpus de synthèse. Les idées qu'ils contiennent sont exprimées directement dans un discours informatif.

Pour analyser un texte d'idées, il faut procéder en ***4 étapes.***

ÉTAPE ❶ Identifier le texte d'idées

■ Les textes d'idées ne racontent pas une histoire ou et ne décrivent pas des personnages ou des lieux comme le fait le roman.

■ Même s'ils abordent des situations concrètes, leur fonction est d'exposer et de mettre en relation des notions abstraites, d'expliquer des faits, de proposer des réflexions, des points de vue, des prises de position argumentés.

■ Ces textes relèvent du discours argumentatif. Ils peuvent être polémiques ou satiriques.

■ Pour mieux les identifier, aidez-vous du paratexte qui contient toutes les informations nécessaires pour présenter le document : auteur, titre, source, date de publication…

ÉTAPE ❷ Déterminer le thème global du texte, savoir qui parle

■ La première lecture d'un texte d'idées doit vous permettre de déterminer son thème global.

■ La mise en évidence du lexique dominant vous aidera à répondre à la question : « De quoi s'agit-il ? ».

■ Il est indispensable que trouviez à qui appartiennent les idées énoncées. Celui qui parle est celui qui signe l'œuvre ou l'article. Toutefois, il arrive fréquemment à l'auteur de reprendre des points de vue ou des paroles qui ne lui appartiennent pas.

⋯> ÉTAPE ❸ Identifier les idées, les arguments, les exemples

■ Le texte d'idées confronte des notions, des points de vue, des théories qui ne vont pas nécessairement dans le même sens. Identifiez-les tous, cela vous permettra de définir la ou les problématiques.

■ Les orientations différentes des idées sont perceptibles grâce à plusieurs indices :

– la présence de champs lexicaux qui s'opposent ;
– la présence de figures d'opposition comme les antithèses, les paradoxes, et d'articulations qui soulignent les divergences : mais, cependant, à l'inverse, au contraire…

■ Les exemples illustrent les idées ou constituent leur point de départ. Ils sont concrets et souvent imagés. Identifiez-les rapidement car ils vous faciliteront la compréhension des concepts.

⋯> ÉTAPE ❹ Mettre en évidence la structure du texte

■ Pour mettre en évidence la structure du texte, déterminez le type de raisonnement et le plan suivis par l'auteur.

■ Le texte peut être construit selon trois types de plan :

– un plan dialectique : il permet la confrontation à partir d'une thèse de différents points de vue.
– un plan déductif : il permet de tirer des conséquences à partir d'un fait ou d'une cause.
– un plan linéaire : le texte développe une même idée en l'illustrant de manière détaillée et approfondie.

L'astuce

Repérer les mots de liaison aide à découvrir les grandes articulations de la pensée et le type de raisonnement adopté dans un document.

Le piège !

Ne confondez pas arguments et exemples ! Les arguments développent toujours des idées articulées logiquement alors que les exemples, beaucoup plus factuels, sont toujours des illustrations concrètes des idées.

FICHE n° 4

Analyser une image

INFO

■ Les corpus de synthèse peuvent comporter différents types d'images : peintures, photos, affiches de film, bandes dessinées, gravures…
■ Il s'agit de faire apparaître le message visuel délivré par l'image grâce à certains procédés de mise en valeur.

*Pour analyser une image, il faut procéder en **4 étapes**.*

⋯› ÉTAPE ❶ Identifier le document

■ Préoccupez-vous en premier lieu de la nature de l'image étudiée. De sa nature dépend l'interprétation qui en sera fournie : un tableau ne s'analyse pas de la même manière qu'une photographie ou une bande dessinée.
■ Ensuite, identifiez la source de l'image : il s'agit de repérer les diverses sources de l'œuvre, de son auteur à la date de publication ou d'exécution. Vous serez également attentif au titre de l'œuvre ou à la légende qui, d'emblée, orientent l'interprétation.
■ Enfin, identifiez la nature de l'image : il faut savoir distinguer une peinture d'une photographie, d'une gravure, d'un dessin de presse ou encore d'une affiche de film. Vous mettrez en évidence le courant auquel l'œuvre appartient (impressionnisme, cubisme, Pop Art par exemple) et la technique utilisée par l'artiste (photographie noir et blanc, dessin au fusain par exemple).

⋯› ÉTAPE ❷ Étudier le sujet représenté

■ Repérez qui et ce qui est représenté. S'agit-il d'un ou de plusieurs personnages ? Comment sont-ils vêtus ? À quelle époque se situe la scène ? Quel est le décor ? Que révèle-t-il des personnages représentés ?

⋯› ÉTAPE ❸ Étudier la composition de l'image

■ Décrivez comment se compose plastiquement et techniquement l'image. Quelles sont les principales lignes du dessin ? De combien de plans se compose l'image ? L'arrière-plan joue-t-il un rôle ? Quel est le cadrage utilisé ? Quels sont les effets de perspective ? Y a-t-il un usage particulier des couleurs et de la lumière ? L'image est-elle accompagnée d'une légende ?

ÉTAPE 4 Interpréter le message visuel

■ Demandez-vous quel message est délivré par l'image. Pour répondre à cette question, partez des éléments mis en évidence dans les deux précédentes étapes ; ils vous aideront à découvrir les pistes d'interprétation du message visuel.

■ Quatre pistes d'interprétations sont possibles :

– si le message est explicatif, posez-vous les questions suivantes : qu'est-ce que l'image veut expliquer ? Dénonce-t-elle un problème ? Cherche-t-elle à séduire et à persuader ?

– si vous devez établir un lien entre l'image et un texte, posez-vous les questions suivantes : quelles sont les relations entre le texte et l'image ? Comment le visuel s'articule-t-il à la légende, au slogan ou au titre de l'image ?

– si vous devez étudier le registre de l'image, posez-vous les questions suivantes : l'image est-elle satirique, pathétique ou lyrique ?

– si vous voulez connaître sa fonction, son utilité, posez-vous les questions suivantes : quelle peut être l'utilisation de l'image ? S'agit-il d'une image intime ? d'une publicité ? d'une affiche de propagande ou encore d'une image religieuse ?

L'astuce

Étudiez les couleurs avec précision en distinguant couleurs chaudes et couleurs froides. Cela vous permettra de cerner avec efficacité la visée de l'image.

Le piège !

Ne vous contentez pas de décrire l'image ! Vous devez toujours chercher le message visuel en vous aidant le plus possible des éléments verbaux présents dans l'image : titre, légende, slogan, bulles de bande dessinée notamment.

CLASSÉS PAR GENRE

Articles

Essais, textes d'idées

Textes littéraires

Visuels

CLASSÉS PAR GENRE

Table des illustrations

PAPIER À BASE DE
FIBRES CERTIFIÉES

Hatier s'engage pour l'environnement en réduisant l'empreinte carbone de ses livres. Celle de cet exemplaire est de :
400 g éq. CO_2
Rendez-vous sur www.hatier-durable.fr

Conception graphique de la maquette : studio Favre & Lhaïk
Mise en pages : Soft Office – 8 pages couleurs : Clarisse Mourain
Iconographie : Hatier Illustration
Suivi éditorial : Charlotte Monnier

IMPRIM'VERT

Achevé d'imprimer par Grafica Veneta à Trebaseleghe - Italie
Dépôt légal n° 02813-5/01 - Août 2017